Neale Donald Walsch

CONVERSACIONES CON DIOS

Neale Donald Walsch nació en Milwaukee en el seno de una familia católica que le enseñó a nunca temer a Dios. Tras abandonar la universidad, se dedicó al periodismo radiofónico, a la prensa escrita, al marketing y a diversos negocios, aunque no encontró satisfacción en ninguno de estos campos. Lo mismo le sucedía en su vida privada, con cuatro matrimonios seguidos de reñidos divorcios. Tras un accidente de coche que casi le costó la vida, la imposibilidad de trabajar y su último divorcio lo dejaron en la calle, donde vivió varios meses. En 1992, harto de las idas y vueltas de su tormentosa vida, decidió escribirle una carta a Dios. En ese momento, Neale escuchó una voz que respondió con candor a sus preguntas. Mientras escribía esas cartas llenas de preguntas, las respuestas afluían a su mente y él las escribía. Así nació *Conversaciones con Dios*, traducido a más de treinta y siete idiomas y con millones de ejemplares vendidos en todo el mundo. Además de esta serie, ha publicado otros doce libros y viajado por todo el mundo intentando transmitir su mensaje. Actualmente vive en Oregón con Nancy, su esposa y compañera.

CONVERSACIONES CON DIOS

CONVERSACIONES CON DIOS

Una experiencia extraordinaria

Neale Donald Walsch

Vintage Español
Una división de Random House, Inc.
Nueva York

Agradecimientos

En primer y último lugar, y siempre, quiero dar las gracias a la Fuente de todo lo que hay en este libro, de todo lo que vive; y de la propia vida.

En segundo término, quiero dar las gracias a mis maestros espirituales, entre quienes incluyo a todos los santos y sabios de todas las religiones.

En tercer lugar, me parece evidente que cada uno de nosotros podría elaborar una lista de personas que han influido en su vida de maneras tan significativas y profundas que escapan a cualquier intento de clasificación o descripción; personas que han compartido con nosotros su saber, nos han mostrado su verdad, han soportado nuestros defectos y debilidades con paciencia infinita, y nos han contemplado a través de todo esto, viendo en nosotros lo mejor que había. Personas que, tanto al aceptarnos como al *negarse* a aceptar aquellas partes de nosotros que sabían que realmente no queríamos, nos han hecho crecer; llegar a ser, de algún modo, *mayores*.

Las personas que han representado todo esto para mí han sido —además de mis padres— Samantha Gorski, Tara-Jenelle Walsch, Wayne Davis, Bryan Walsch, Martha Wright, el desaparecido Ben Wills Jr., Roland Chambers, Dan Higgs, C. Berry Carter II, Ellen Moyer, Anne Blackwell, Dawn Dancing Free, Ed Keller, Lyman W. (Bill) Griswold, Elisabeth Kübler-Ross, y el muy estimado Terry Cole-Whitaker.

Quiero incluir en este grupo a mis antiguos compañeros, cuya intimidad deseo respetar no mencionando sus nombres, pero cuyas aportaciones a mi vida entiendo y aprecio profundamente.

Y aunque mi corazón rebosa de gratitud por los dones que he recibido de todas estas maravillosas personas, me resulta especialmente cálido pensar en mi esposa y compañera, Nancy Fleming Walsch, mujer de sabiduría, compasión y amor extraordinarios, quien me ha demostrado que mis más elevadas ideas sobre las relaciones humanas no tienen por qué quedarse en fantasías, sino que pueden ser sueños convertidos en realidad.

Finalmente, en cuarto lugar, quiero expresar mi reconocimiento a algunas personas a las que nunca he conocido, pero cuyas vidas y obras me han causado un impacto tan fuerte que no puedo dejar pasar esta ocasión sin darles las gracias, desde lo más profundo de mi ser, por los momentos de exquisito placer, lucidez en la comprensión de la condición humana, y, pura y simplemente, *Lifegefeelkin*[1] (¡el término es invención mía!) que me han proporcionado.

¿Sabe? Eso vendría a ser como cuando alguien le ha dado una prueba, un momento glorioso, de lo *realmente verdadero de la vida*. Para mí, la mayoría de ellos han sido artistas —creadores o intérpretes—; ya que es en el arte donde me inspiro, a donde me retiro en los momentos de reflexión y donde encuentro eso que llamamos Dios expresado de la manera más bella.

Así, quiero dar las gracias a... John Denver, cuyas canciones conmueven mi alma y la llenan de una nueva esperanza en lo que la vida puede llegar a ser; Richard Bach, cuyos escritos penetran en mi vida como si fueran míos, describiendo gran parte de lo que ha sido mi experiencia; Barbra Streisand, cuyo arte como directora, actriz y cantante fascina mi corazón una y otra vez, haciéndole *sentir* —y no simplemente saber— qué es lo verdadero; y el desaparecido Robert Heinlein, cuya literatura visionaria ha planteado preguntas y suscitado respuestas de una manera que nadie más se ha atrevido siquiera a considerar.

---

1. Con este término, el autor denota un «momento de percepción plena e intensa de la vida». [*N. del T.*]

Para

ANNE M. WALSCH

Quien no sólo me enseñó que Dios existe,
sino que abrió mi mente a la maravillosa verdad
de que Dios es mi mejor amigo;
y que fue mucho más que una madre para mí,
mas dio a luz *en* mí
a un anhelo y un amor hacia Dios,
y todo lo que es bueno.
Mamá fue
mi primer encuentro
con un ángel.

Y para

ALEX M. WALSCH

Quien me dijo muchas veces a lo largo de mi vida:
«Eso está chupado»,
«No aceptes un "no" por respuesta»,
«Crea tu propia suerte»,
y
«La esperanza es lo último que se pierde».
Papá fue
mi primera experiencia
de audacia.

Introducción

Está usted a punto de vivir una extraordinaria experiencia. Está a punto de mantener una conversación con Dios. Sí, sí. Lo sé... eso no es posible. Probablemente piense (o le han enseñado) que *eso no es posible*. Ciertamente, se puede hablar *a* Dios; pero no *con* Dios. Es decir: Dios no va a *contestar*, ¿no es eso? ¡Al menos no en la forma de una conversación normal y corriente!

Lo mismo pensaba yo. Pero luego me «ocurrió» este libro. Y lo digo literalmente. No se trata de un libro escrito *por* mí, sino que me ha «ocurrido» *a* mí. Y, cuando lo lea, le «ocurrirá» a usted, ya que *todos alcanzamos la verdad para la que estamos preparados*.

Probablemente, mi vida sería mucho más fácil si hubiera mantenido silencio acerca de todo esto. Pero esa no fue la razón de que me ocurriera. Y cualesquiera que sean los inconvenientes que el libro pueda causarme (como ser tildado de blasfemo, de impostor, de hipócrita por no haber vivido estas verdades en el pasado, o —lo que tal vez sea peor— de santo), ya no me es posible detener el proceso. Ni hacer lo que quiera. He dispuesto de ocasiones para apartarme de todo este asunto y no las he aprovechado. Respecto a este material, he decidido basarme en lo que me dice mi instinto, más que en lo que me pueda decir la mayoría de la gente.

Dicho instinto me dice que este libro no es un disparate, el exceso de una frustrada fantasía espiritual, o simplemente la autojustificación de un hombre frente a una vida equivocada. ¡Oh, bueno! ¡Pensé en todas estas cosas: en cada una de ellas! Así que di a leer este material a algunas personas cuando era todavía un manuscrito. Se emocionaron. Y lloraron. Y rieron por la alegría y el humor que contiene. Y, según me dijeron, sus vidas cambiaron. Se sintieron traspasados. Se sintieron poderosos.

Muchos me dijeron que se sintieron transformados.

Fue entonces cuando supe que este libro era para todo el mundo, y que *debía* publicarse; porque es un don maravilloso para todos aquellos que realmente quieren respuestas y a quienes realmente les preocupan las preguntas; para todos aquellos que han emprendido la búsqueda de la verdad con corazón sincero, alma anhelante y espíritu franco. Y eso significa, más o menos, *todos nosotros*.

Este libro aborda la mayoría de las preguntas —si no todas— que siempre nos hemos formulado sobre vida y amor, propósito y función, personas y relaciones, bien y mal, culpa y pecado, perdón y redención, el sendero hacia Dios y el camino hacia el infierno... todo. Trata directamente de sexo, poder, dinero, hijos, matrimonio, divorcio, vida, trabajo, salud, el más allá, el más acá... *todo*. Explora la guerra y la paz, el conocimiento y el desconocimiento, el dar y el recibir, la alegría y la pena. Examina lo concreto y lo abstracto, lo visible y lo invisible, la verdad y la mentira.

Se podría decir que este libro es «la última palabra de Dios sobre las cosas», aunque a algunas personas esto les puede resultar algo difícil, especialmente si piensan que Dios dejó de hablar hace 2.000 años, o que, si Dios ha seguido comunicándose, lo ha hecho únicamente con santos, curanderas o alguien que haya estado meditando durante treinta años, o bien durante veinte, o, por poner un mínimo decente, durante diez (ninguna de estas categorías me incluye).

Lo cierto es que Dios habla a todo el mundo. Al bueno y al malo. Al santo y al canalla. Y, sin duda, a todos nosotros. Usted mismo, por ejemplo. Dios se ha acercado a usted muchas veces en su vida, y esta es una de ellas. ¿Cuántas veces ha escuchado este viejo axioma: «Cuando el estudiante esté preparado, aparecerá el profesor»? Este libro es nuestro profesor.

Poco después de que este material empezara a «ocurrirme», supe que estaba hablando con Dios. Directa y personalmente. Irrefutablemente. Y que Dios respondía a mis preguntas en proporción directa a mi capacidad de comprensión. Es decir, me respondía de un modo, y con un lenguaje, que Dios sabía que yo entendería. Esto explica en gran medida el estilo coloquial de la obra y las referencias ocasionales al material recogido de otras fuentes y experiencias previas de mi vida. Ahora sé que todo lo que me ha acontecido siempre en mi vida *procedía de Dios*, y en ese momento se unía, se conjuntaba, en una magnífica y completa respuesta *a cada una de las preguntas que siempre tuve*.

Y en algún momento del recorrido me di cuenta de que se estaba produciendo un libro; un libro destinado a ser publicado. En realidad, durante la última parte del diálogo (en febrero de 1993) se me ordenó específicamente que se produjeran *tres* libros, y que:

1. El primer volumen tratara principalmente de temas personales, centrado en los desafíos y oportunidades de la vida de un individuo.

2. El segundo se ocupara de temas más generales, relativos a la vida geopolítica y metafísica del planeta, además de los retos a los que se enfrenta hoy el mundo.

3. El tercero tratara de las verdades universales de orden superior, así como de los desafíos y oportunidades del alma.

Este es el primero de los libros, terminado en febrero de 1993. En aras de la claridad debo explicar que, puesto que transcribí este diálogo a mano, subrayé o señalé con un círculo determinadas palabras o frases que me llegaban con un énfasis especial —como si Dios las hiciera retumbar—; en la composición tipográfica, estas palabras y frases aparecen en cursiva y subrayadas.

Tengo que decir también que, tras haber leído y releído la sabiduría contenida en estas páginas, estoy profundamente avergonzado de mi propia vida, que ha estado marcada por continuos errores y fechorías, algunos comportamientos sumamente vergonzosos, y algunas opciones y decisiones que, sin duda, otros consideran perjudiciales e imperdonables. Aunque experimento un profundo remordimiento por el hecho de que haya sido a través del dolor de otras personas, siento una indecible gratitud por todo lo que he aprendido en mi vida, y considero que *todavía* tengo que aprender por medio de los demás. Pido disculpas a todos por la lentitud de este aprendizaje. Sin embargo, Dios me alienta a perdonarme a mí mismo mis propias faltas y a no vivir en el temor y la culpa, sino seguir intentando siempre —no dejar de intentarlo— vivir una visión más grandiosa.

Sé que eso es lo que Dios desea para todos nosotros.

Neale Donald WALSCH
Central Point, Oregón
Navidad 1994

1

En la primavera de 1992 —recuerdo que fue por Pascua—, un fenómeno extraordinario ocurrió en mi vida. Dios empezó a hablar con usted. A través mío.

Me explicaré.

En aquella época era muy infeliz, personal, profesional y emocionalmente, sentía que mi vida era un fracaso a todos los niveles. Dado que, desde hacía años, había adquirido el hábito de escribir mis pensamientos en forma de cartas (que normalmente nunca enviaba), cogí mi fiel cuaderno de papel amarillo tamaño folio, y empecé a volcar mis sentimientos.

Esa vez, en lugar de escribir otra carta a otra persona de la que yo imaginaba ser una víctima, pensé que iría directamente a la fuente; directamente al mayor «victimizador» de todos. Decidí escribir una carta a Dios.

Fue una carta rencorosa, apasionada, llena de confusiones, deformaciones y condenas. Y un *montón* de enojosas preguntas.

¿Por qué mi vida no funcionaba? ¿Qué haría que *llegara* a funcionar? ¿Por qué no lograba ser feliz en mis relaciones? ¿Siempre iba a escapárseme la experiencia de disponer de suficiente dinero? Finalmente —y sobre todo— *¿qué había hecho yo para merecer una vida de continua lucha como la que tenía?*

Para mi sorpresa, cuando hube acabado de garabatear toda mi amargura, mis preguntas sin respuesta, y me disponía a dejar la pluma, mi mano se quedó suspendida sobre el papel, como si la sostuviera una fuerza invisible. De repente, la pluma empezó a *moverse por sí misma*. No sabía en absoluto lo que estaba a punto de escribir, pero parecía que iba a acudir una idea, de modo que decidí dejarme llevar. Y lo que salió fue:

¿Realmente deseas una respuesta a todas esas preguntas, o simplemente te estás desahogando?

Parpadeé... y entonces surgió una respuesta en mi mente. La escribí también:

«Las dos cosas. Es verdad que me estoy desahogando; pero, si esas preguntas tienen respuesta, ¡tan cierto es que quiero oírlas como que hay infierno!»

Muchas cosas son ciertas... «como que hay infierno». Pero ¿no sería más agradable que lo fueran «como que hay Cielo»?

Y escribí:

«¿Qué se supone que significa eso?»

Sin que yo lo supiera, había empezado una conversación... y, más que escribir por mi cuenta, estaba *escribiendo al dictado*.

Este dictado duró tres años, y durante ese tiempo no tenía la menor idea de cómo acabaría. Las respuestas a las preguntas que yo expresaba en el papel no me llegaban hasta que no terminaba de escribir completamente cada pregunta y apartaba *mis propios pensamientos*. A menudo las respuestas me llegaban más de prisa de lo que podía escribir; entonces tenía que garabatear rápidamente para no quedarme atrás. Cuando me sentía confuso, o desaparecía la sensación de que las palabras me llegaban de otra parte, dejaba la pluma e interrumpía el diálogo hasta que de nuevo me sentía «inspirado» —lo siento: es la única palabra que realmente resulta apropiada— para volver a coger mi cuaderno de papel amarillo tamaño folio y reanudar la transcripción.

Esas conversaciones todavía duran en el momento en que estoy escribiendo esto. Y la mayor parte se encuentra en las siguientes páginas... las cuales contienen un asombroso diálogo que al principio no podía creer, que luego supuse que me resultaría personalmente valioso, pero que ahora comprendo que estaba destinado a otras personas y no sólo a mí. Estaba destinado a usted y a cualquiera que acceda a este material, puesto que mis preguntas son también las suyas.

Deseo que intervenga en este diálogo lo antes posible, ya que lo realmente importante no es *mi* historia, sino la *suya*. Es la historia de *su* vida la que aquí se presenta. Y si este material es importante, lo es para *su* experiencia personal. De lo contrario no estaría usted aquí, con él en las manos, en este momento.

Así pues, vamos a iniciar el diálogo con una pregunta que me había estado formulando durante mucho tiempo: ¿cómo habla Dios, y a quién? Cuando la planteé, he aquí la respuesta que obtuve:

Hablo a todo el mundo. Constantemente. La cuestión no es a quién hablo, sino quién me escucha.

Intrigado, le pedí a Dios que me lo explicara mejor. Y esto es lo que dijo:

En primer lugar, vamos a cambiar la palabra <u>hablar</u> por la palabra comunicarse. Es un término mucho mejor; resulta más completo y más apropiado. Cuando tratamos de hablar a otros —tú a Mí, Yo a ti—, inmediatamente nos vemos restringidos por la increíble limitación de las palabras. Por esta razón, no me comunico únicamente con palabras. En realidad, rara vez lo hago. Mi modo usual de comunicarme es por medio del <u>sentimiento</u>.
<u>El sentimiento es el lenguaje del alma.</u>
Si quieres saber hasta qué punto algo es cierto para ti, presta atención a lo que sientes *al respecto.*
A veces los sentimientos son difíciles de descubrir, y con frecuencia aún más difíciles de reconocer. Sin embargo, en tus más profundos sentimientos se oculta tu más alta verdad.
El truco está en llegar a dichos sentimientos. Te mostraré cómo. De nuevo. Si tú quieres.

Le dije a Dios que sí quería, pero que en ese momento deseaba aún más una respuesta completa y detallada a mi primera pregunta. He aquí lo que Dios me dijo:

También me comunico con el <u>pensamiento.</u> El pensamiento y los sentimientos no son lo mismo, aunque pueden darse al mismo tiempo. Al comunicarme con el pensamiento, a menudo utilizo imágenes. Por ello, los pensamientos resultan más efectivos como herramientas de comunicación que las simples palabras.
Además de los sentimientos y pensamientos, utilizo también el vehículo de la <u>experiencia,</u> que es un magnífico medio de comunicación.
Y finalmente, cuando fallan los sentimientos, los pensamientos y la experiencia, utilizo las <u>palabras.</u> En realidad, las palabras resultan el me-

dio de comunicación menos eficaz. Están más sujetas a interpretaciones equivocadas, y muy a menudo a malentendidos.

¿Y eso por qué? Pues debido a lo que son las palabras. Éstas son simplemente expresiones: _ruidos_ que _expresan_ sentimientos, pensamientos y experiencia. Son símbolos. Signos. Insignias. No son la Verdad. No son el objeto real.

Las palabras le pueden ayudar a uno a entender algo. La experiencia le permite conocerlo. Sin embargo, hay algunas cosas que uno no puede experimentar. Por eso os he dado otras herramientas de conocimiento: son los llamados sentimientos; y también los pensamientos.

La suprema ironía del asunto es que vosotros hayáis dado tanta importancia a la Palabra de Dios, y tan poca a la experiencia.

En efecto, dais tan poco valor a la experiencia que, cuando vuestra _experiencia_ de Dios difiere de lo que habéis _oído_ sobre Dios, automáticamente _desecháis la experiencia y os quedáis con las palabras,_ cuando debería ser precisamente lo contrario.

Vuestra experiencia y vuestros sentimientos sobre algo representan lo que efectiva e intuitivamente sabéis acerca de ello. Las palabras únicamente pueden aspirar a _simbolizar_ lo que sabéis, y a menudo pueden _confundir_ lo que sabéis.

Así pues, esas son las herramientas con las que Yo me comunico; aunque no sistemáticamente, pues ni todos los sentimientos, ni todos los pensamientos, ni toda la experiencia ni todas las palabras proceden de Mí.

Muchas palabras han sido pronunciadas por otros en Mi nombre. Muchos pensamientos y muchos sentimientos han sido promovidos por causas que no son resultado directo de Mi creación. Y muchas experiencias se derivan también de dichas causas.

La cuestión consiste en discernir. La dificultad estriba en saber la diferencia entre los mensajes de Dios y los que proceden de otras fuentes. Esta distinción resulta sencilla con la aplicación de una regla básica:

Vuestro Pensamiento más Elevado, vuestra Palabra más Clara, vuestro Sentimiento más Grandioso, son siempre Míos. Todo lo demás procede de otra fuente.

Con ello se facilita la labor de diferenciación, ya que no debería resultar difícil, ni siquiera para el principiante, identificar lo más Elevado, lo más Claro y lo más Grandioso.

No obstante, te daré algunas directrices:

El Pensamiento más Elevado es siempre aquel que encierra alegría.

Las Palabras más Claras son aquellas que encierran verdad. El Sentimiento más Grandioso es el llamado amor.

Alegría, verdad, amor.

Los tres son intercambiables, y cada uno lleva siempre a los otros. No importa en qué orden se encuentren.

Una vez determinado, utilizando estas directrices, qué mensajes son Míos y cuáles proceden de otra fuente, lo único que falta es saber si Mis mensajes serán tenidos en cuenta.

La mayoría de Mis mensajes no lo son. Algunos, porque parecen demasiado buenos para ser verdad. Otros, porque parece demasiado difícil seguirlos. Muchos, debido simplemente a que se entienden mal. La mayoría, porque no se reciben.

Mi mensajero más potente es la experiencia, e incluso a ésta la ignoráis; especialmente a ésta la ignoráis.

Vuestro mundo no se hallaría en el estado en que se encuentra si simplemente hubierais escuchado a vuestra experiencia. El resultado de que no escuchéis a vuestra experiencia es que seguís reviviéndola, una y otra vez; puesto que mi propósito no puede verse frustrado, ni mi voluntad ignorada. Tenéis que recibir el mensaje. Antes o después.

Sin embargo, no os forzaré. Nunca os coaccionaré; ya que os he dado el libre albedrío —la facultad de hacer lo que queráis—, y nunca jamás os lo quitaré.

Así pues, seguiré enviándoos los mismos mensajes una y otra vez, a lo largo de milenios y a cualquier rincón del universo en el que habitéis. Seguiré enviando infinitamente Mis mensajes, hasta que los hayáis recibido y los hayáis escuchado con atención, haciéndolos vuestros.

Mis mensajes pueden venir bajo un centenar de formas, en miles de momentos, durante un millón de años. No podéis pasarlos por alto si realmente escucháis. No podéis ignorarlos una vez los hayáis oído verdaderamente. De este modo nuestra comunicación empezará en serio, ya que en el pasado únicamente Me habéis hablado, Me habéis rezado, habéis intercedido ante Mí, Me habéis suplicado. Pero ahora puedo responderos, siquiera sea como lo estoy haciendo en este momento.

¿Cómo puedo saber que esta comunicación procede de Dios? ¿Cómo sé que no se trata de mi propia imaginación?

¿Qué diferencia habría? ¿No ves que puedo utilizar tu imaginación con la misma facilidad que cualquier otro medio? Te traeré los pensa-

mientos, palabras o sentimientos <u>exactamente</u> apropiados; y en un deter-minado momento, precisamente cuando me venga bien para mi propósi-to, utilizaré alguna sentencia, o varias.

Sabrás que esas palabras proceden de Mí porque tú, espontáneamen-te, no has hablado nunca con tanta claridad. Si hubieras hablado ya con claridad de tales asuntos, no te preguntarías acerca de ellos.

¿Con quién se comunica Dios? ¿Se trata de personas especiales? ¿En momentos especiales?

Todo el mundo es especial, y todos los momentos son buenos. No hay ninguna persona que sea más especial que otra, ni ningún momento que sea más especial que otro. Mucha gente decide creer que Dios se co-munica de maneras especiales y únicamente con personas especiales. Esto libera a las masas de la responsabilidad de escuchar Mi mensaje, y aún más de aceptarlo (esa es otra cuestión), y les permite quedarse con lo que dicen otros. <u>No tenéis que escucharme, puesto que ya habéis decidi-do que otros Me han oído acerca de todos los asuntos, y tenéis que oírles a ellos.</u>

Al escuchar lo que otras personas piensan que Me han oído decir, <u>vo-sotros</u> no tenéis que <u>pensar en absoluto.</u>

Esta es la razón principal de que la mayoría de la gente eluda Mis mensajes a nivel personal. Si uno reconoce que recibe Mis mensajes <u>direc-tamente,</u> entonces es responsable de interpretarlos. Es mucho más seguro y mucho más fácil aceptar la interpretación de otros (aunque se trate de otros que han vivido hace 2.000 años) que tratar de interpretar el mensa-je que uno puede muy bien estar recibiendo en este mismo momento.

No obstante, te propongo una nueva forma de comunicación con Dios. Una comunicación <u>de doble dirección.</u> En realidad, eres tú quien me la ha propuesto a Mí, ya que he venido a ti, en esta forma, aquí y aho-ra, <u>en respuesta a tu llamada.</u>

¿Por qué algunas personas —como, por ejemplo, Jesucristo— pa-recen escuchar más lo que Tú comunicas que otras?

Porque algunas personas están verdaderamente dispuestas a escuchar. Están dispuestas a oír, y están dispuestas a permanecer <u>abiertas</u> a la co-municación aun cuando lo que oyen parezca espantoso, disparatado o ma-nifiestamente equivocado.

¿Debemos escuchar a Dios aun en el caso de que lo que diga nos parezca equivocado?

Especialmente cuando parece equivocado. Si creéis que estáis en lo cierto respecto de algo, ¿para qué necesitáis hablar con Dios?

Seguid adelante, actuando según vuestro entender. Pero observad lo que habéis estado haciendo desde el principio de los tiempos. Y mirad cómo es el mundo. Evidentemente, en algo habéis fallado; y es obvio que hay algo que no entendéis. Lo que sí entendéis ha de pareceros correcto, puesto que «correcto» es un término que utilizáis para designar aquello con lo que estáis de acuerdo. Por lo tanto, aquello que se os escapa aparecerá, en un primer momento, como «equivocado».

La única manera de adelantar en esto es preguntándose uno mismo: «¿Qué pasaría si todo lo que considero "equivocado" fuese realmente "correcto"?». Todos los grandes científicos conocen esta pregunta. Lo que hace el científico no es simplemente trabajar; el científico cuestiona todos los presupuestos y prejuicios. Todos los grandes descubrimientos han surgido de la voluntad, de la capacidad, de <u>no estar en lo cierto.</u> Y eso es lo que se necesita en este caso.

No podéis conocer a Dios hasta que hayáis dejado de deciros a vosotros mismos que ya conocéis a Dios. No podéis escuchar a Dios hasta que dejéis de pensar que ya habéis escuchado a Dios.

<u>*No puedo deciros Mi Verdad hasta que vosotros dejéis de decirme las vuestras.*</u>

Pero mi verdad acerca de Dios procede de *Ti*.

¿Quién lo ha dicho?

Otros.

¿Qué otros?

Predicadores. Vicarios. Rabinos. Sacerdotes. Libros. ¡La *Biblia*, por amor de Dios!

Esas no son fuentes autorizadas.

¿No lo son?

No.

Entonces, ¿qué hay que *sí* lo sea?

Escucha tus <u>sentimientos</u>. Escucha tus Pensamientos más Elevados. Escucha a tu experiencia. Cada vez que una de estas tres cosas difiera de lo que te han dicho tus maestros, o has leído en tus libros, olvida las palabras. <u>Las palabras constituyen el vehículo de Verdad menos fiable.</u>

Hay tantas cosas que quiero decirte, tantas cosas que deseo preguntarte, que no sé por dónde empezar.

Por ejemplo, ¿por qué no te revelas? Si de verdad hay un Dios, y eres Tú, ¿por qué no te revelas de un modo que todos podamos entenderlo?

Ya lo he hecho, una y otra vez. Estoy haciéndolo de nuevo aquí y ahora.

No. Me refiero a una forma de revelación que resulte incuestionable; que no se pueda negar.

¿Como cuál?

Como apareciendo ahora mismo ante mi vista.

Lo estoy haciendo.

¿Dónde?

Dondequiera que mires.

No. Yo quiero decir de un modo indiscutible. De un modo que ningún hombre pueda negar.

¿De qué modo sería? ¿Bajo qué forma o aspecto Me harías aparecer?

Bajo la forma o aspecto que realmente tengas.

Eso sería imposible, ya que no poseo una forma o aspecto que podáis comprender. Puedo <u>adoptar</u> una forma o aspecto que <u>podáis</u> comprender, pero entonces todos supondrían que lo que han visto es la sola y única forma y aspecto de Dios, en lugar de *una* forma y aspecto de Dios; una entre muchas.

La gente cree que Yo soy como me ven, en lugar de como no me ven. Pero Yo soy el Gran Invisible, no lo que Me hago ser a Mí mismo en un momento determinado. En cierto sentido, Yo soy lo que *no soy*. Y es de este *no-ser* de donde vengo, y a donde siempre retorno.

Pero cuando vengo bajo una u otra forma determinada —una forma bajo la que creo que la gente puede comprenderme—, entonces la gente *Me atribuye esa forma para siempre jamás.*

Y si viniera bajo cualquier otra forma, ante cualesquiera otras personas, los primeros dirían que no habría aparecido ante los segundos, ya que no Me habría mostrado a los segundos igual que a los primeros, ni les habría dicho las mismas cosas; de modo que ¿cómo iba a ser Yo?

Como puedes ver, no importa bajo qué forma o de qué manera Me revele: *cualquiera* que sea la manera que elija o la *forma* que adopte, *ninguna* de ellas resultará incuestionable.

Pero si Tú *hicieras* algo que evidenciara la verdad de quién eres más allá de cualquier duda o interrogante...

... habría todavía quienes dijeran que es cosa del diablo, o simplemente de la imaginación de alguien. O de cualquier causa distinta de Mí.

Si me revelara como Dios Todopoderoso, Rey de los Cielos y la Tierra, y moviera montañas para demostrarlo, habría quienes dirían: «Debe de ser cosa de Satanás».

Y eso es lo que sucedería, puesto que Dios no se revela a Sí mismo por, o a través de, la observación externa, sino de la experiencia interna. Y cuando la experiencia interna ha revelado al propio Dios, la observación externa resulta innecesaria. Y cuando la observación externa es necesaria, entonces no resulta posible la experiencia interna.

Así pues, si se pide la revelación, entonces no puede darse, puesto que el acto de pedir constituye una afirmación de que aquélla falta, de que no se está revelando nada de Dios. Esta afirmación produce la experiencia, ya que vuestro pensamiento sobre algo es *creador*, y vuestra palabra es *productora*, y vuestro pensamiento y vuestra palabra juntos resultan magníficamente eficaces en tanto dan origen a vuestra realidad. Por lo tanto, experimentaréis que *Dios no se ha revelado*, ya que, si lo hubiera *hecho*, no se lo *pediríais*.

¿Significa eso que no puedo pedir nada que desee? ¿Me estás diciendo que rezar por algo en realidad *aleja ese algo de nosotros?*

Esta es una pregunta que ha sido respondida a través de los siglos, y que ha sido respondida cada vez que se ha formulado. Pero no habéis escuchado la respuesta, o no queréis creerla.

Responderé de nuevo, con palabras de hoy, en un lenguaje actual, de la siguiente manera:

No tendréis lo que pedís, ni podéis tener nada de lo que queráis. Y ello porque vuestra propia petición es una afirmación de vuestra carencia, y el decir que queréis una cosa únicamente sirve para producir esa experiencia concreta —la carencia— en vuestra realidad.

Por lo tanto, la oración correcta no es nunca de súplica, sino de gratitud.

Cuando dais gracias a Dios <u>por adelantado</u> por aquello que habéis decidido experimentar en vuestra realidad, estáis efectivamente reconociendo que eso está ahí... <u>en efecto.</u> La gratitud es, pues, la más poderosa afirmación dirigida a Dios; una afirmación a la que Yo habré contestado incluso antes de que me la formuléis.

Así pues, no supliquéis nunca. Antes bien, <u>agradeced.</u>

Pero ¿qué ocurre si yo agradezco algo a Dios por adelantado, y luego eso no aparece nunca? Eso podría llevar al desencanto y la amargura.

La gratitud no puede utilizarse como una herramienta con la que <u>manipular</u> a Dios; un <u>mecanismo</u> con el que engañar al universo. No podéis mentiros a vosotros mismos. Vuestra mente sabe la verdad de vuestros pensamientos. Si decís «Gracias, Dios mío, por esto y lo otro», y al mismo tiempo está claro que eso no está en vuestra realidad presente, estáis suponiendo que Dios <u>es menos claro</u> que vosotros, y, por lo tanto, produciendo esa realidad en vosotros.

Dios sabe lo que vosotros sabéis, y lo que vosotros sabéis es lo que aparece en vuestra realidad.

Pero entonces ¿cómo puedo estar realmente agradecido por algo, si sé que eso no está presente?

Fe. Si tienes aunque sólo sea la fe equivalente a un grano de mostaza, moverás montañas. Sabrás que eso está presente porque Yo <u>digo</u> que está presente; porque Yo <u>digo</u> que, incluso antes de que me preguntes, habré

respondido; porque Yo __digo__, y os lo he dicho de todas las maneras conce-
bibles, a través de cualquier maestro que me puedas mencionar, que, sea
lo que sea lo que queráis, si lo queréis en Mi Nombre, así será.

Sin embargo, hay tanta gente que dice que sus oraciones han quedado sin respuesta...

Ninguna oración —y una oración no es más que una ferviente afir-
mación de __lo que ya es__— queda sin respuesta. Cualquier oración —cual-
quier pensamiento, cualquier afirmación, cualquier sentimiento— es cre-
ador. En la medida en que sea fervientemente sostenido como una
verdad, en esa misma medida, se hará manifiesto en vuestra experiencia.
Cuando se dice que una oración no ha sido respondida, lo que real-
mente ocurre es que el pensamiento, palabra o sentimiento sostenido de
modo más ferviente ha llegado a ser __operativo__. Pero lo que has de saber
—y ese es el secreto— es que detrás del pensamiento se halla siempre otro
pensamiento —el que podríamos llamar Pensamiento Promotor—, que
es el que controla el pensamiento.
Por lo tanto, si rogáis y suplicáis, parece que existe una posibilidad
mucho menor de que experimentéis lo que pensáis que habéis decidido,
puesto que el Pensamiento Promotor que se halla detrás de cada súplica es
el de que __en ese momento no tenéis__ lo que deseáis. __Ese Pensamiento__
__Promotor se convierte en vuestra realidad.__
El único Pensamiento Promotor que puede ignorar este pensamiento
es uno fundado en la fe en que Dios concederá cualquier cosa que se le
pida, sin falta. Algunas personas poseen este tipo de fe, pero muy pocas.
El proceso de la oración resulta mucho más fácil cuando, en lugar de
creer que Dios siempre dirá «sí» a cada petición, se comprende intuitiva-
mente que __la propia petición no es necesaria. Entonces la oración se con-__
__vierte en una plegaria de acción de gracias. No es en absoluto una peti-__
__ción, sino una afirmación de gratitud por lo que ya es.__

Cuando dices que una oración es una afirmación de lo que ya es,
¿estás diciendo que Dios no hace nada, que todo lo que ocurre después
de una oración es un resultado de la acción de *rezar*?

Si crees que Dios es un ser omnipotente que escucha todas las oracio-
nes, y responde «sí» a unas, «no» a otras, y «ya veremos» al resto, estás
equivocado. ¿Por qué regla de tres decidiría Dios?

Si crees que Dios es quien crea y decide todo lo que afecta a vuestra vida, estás equivocado.

Dios es el observador, no el creador. Y Dios está dispuesto a ayudaros a vivir vuestra vida, pero no de la manera que supondríais.

La función de Dios no es crear, o dejar de crear, las circunstancias o condiciones de vuestra vida. Dios os ha creado a vosotros, a imagen y semejanza suya. Vosotros habéis creado el resto, por medio del poder que Dios os ha dado. Dios creó el proceso de la vida, y la propia vida tal como la conocéis. Pero Dios os dio el libre albedrío para hacer con la vida lo que queráis.

En este sentido, vuestra voluntad respecto a vosotros es la voluntad de Dios respecto a vosotros.

Estáis viviendo vuestra vida del modo como la estáis viviendo, y Yo no tengo ninguna preferencia al respecto.

Esta es la grandiosa ilusión de la que participáis. Que Dios se preocupa de un modo u otro por lo que hacéis.

Yo no me preocupo por lo que hacéis, y eso os resulta difícil de aceptar. Pero ¿os preocupáis vosotros por lo que hacen vuestros hijos cuando les dejáis salir a jugar? ¿Es importante para vosotros si juegan al corre que te pillo, al escondite o a disimular? No, no lo es, porque sabéis que están perfectamente seguros, ya que les habéis dejado en un entorno que consideráis favorable y adecuado.

Por supuesto, siempre confiaréis en que no se lastimen. Y si lo hacen, haréis bien en ayudarles, curarles, y permitirles que se sientan de nuevo seguros, que sean felices de nuevo, que vuelvan a jugar otro día. Pero tampoco ese otro día os preocupará si deciden jugar al escondite o a disimular.

Por supuesto, les diréis qué juegos son peligrosos. Pero no podréis evitar que vuestros hijos hagan cosas peligrosas. Al menos, no siempre; no para siempre; no en todo momento desde ahora hasta su muerte. Los padres juiciosos lo saben. Pero los padres nunca dejan de preocuparse por el resultado. Esta dicotomía —no preocuparse excesivamente por el proceso, pero sí por el resultado— describe con bastante aproximación la dicotomía de Dios.

Pero Dios, en un sentido, no siempre se preocupa por el resultado. No por el resultado final. Y ello porque el resultado final está asegurado.

Y esta es la segunda gran ilusión del hombre: que el resultado de la vida es dudoso.

Es esta duda acerca del resultado final la que ha creado a vuestro mayor enemigo: el temor. Si dudáis del resultado, entonces dudaréis del Crea-

dor: _dudaréis_ de Dios. Y si dudáis de Dios, entonces viviréis toda vuestra vida en el temor y la culpa.

Si dudáis de las intenciones de Dios —y de su capacidad de producir este resultado final—, entonces ¿cómo podréis descansar nunca? ¿Cómo podréis nunca hallar realmente la paz?

Sin embargo, Dios posee _pleno_ poder para encajar las intenciones con los resultados. No podéis ni queréis creer en ello (aunque afirméis que Dios es todopoderoso), y, en consecuencia, habéis de crear en vuestra ima-ginación _un poder igual a Dios_, con el fin de encontrar una manera de que _la voluntad de Dios se vea frustrada_. Así, habéis creado en vuestra mito-logía el ser al que llamáis «el diablo». Incluso habéis imaginado a Dios _en guerra_ con ese ser (pensando que Dios resuelve sus problemas del mismo modo que vosotros). Por fin, habéis imaginado realmente que Dios podría _perder_ esa guerra.

Todo esto viola lo que decís que sabéis acerca de Dios, pero eso no im-porta. Vivís vuestra ilusión, y, de este modo, sentís vuestro temor, debido a vuestra decisión de dudar de Dios.

Pero ¿qué ocurriría si tomaras una nueva decisión? ¿Cuál sería en-tonces el resultado?

Deja que te diga algo: deberías vivir como Buda. Como Jesús. Como lo hicieron todos los santos que siempre habéis idolatrado.

Sin embargo, como ocurrió con la mayoría de los santos, la gente no te entendería. Y cuando trataras de explicar tu sensación de paz, tu alegría de vivir, tu éxtasis interior, ellos oirían tus palabras, pero no te escucha-rían. Tratarían de repetir tus palabras, pero las acrecentarían.

Se asombrarían de que tuvieras lo que ellos no pueden encontrar. Y entonces se volverían envidiosos. Pronto la envidia se convertiría en ra-bia, y en su furor tratarían de convencerte de que eras _tú_ quien no enten-día a Dios.

Y si fracasaran a la hora de arrancarte tu alegría, tratarían de hacerte daño; tan enorme sería su rabia. Y cuando tú les dijeras que eso no te im-portaba, que ni siquiera la muerte podría privarte de tu alegría, ni cam-biaría tu verdad, seguramente _te matarían_. Entonces, cuando vieran con qué paz aceptabas la muerte, te llamarían santo, y te amarían de nuevo.

Y ello porque está en la naturaleza de las personas amar, luego des-truir, y luego amar de nuevo aquello que más aprecian.

Pero ¿por qué? ¿Por qué lo hacemos?

Todos los actos humanos están motivados, a su nivel más profundo, por una de estas dos emociones: el temor o el amor. En realidad existen sólo dos emociones: sólo dos palabras en el lenguaje del alma. Son los extremos opuestos de la gran polaridad que Yo creé cuando produje el universo, y vuestro mundo, tal como hoy lo conocéis.

Estos son los dos aspectos —Alfa y Omega— que permiten la existencia del sistema que llamáis «relatividad». Sin estos dos aspectos, sin estas dos ideas sobre las cosas, no podría existir ninguna otra idea.

Todo pensamiento humano, toda acción humana, se basa o bien en el amor, o bien en el temor. No existe ninguna otra motivación humana, y todas las demás ideas no son sino derivados de estas dos. Son simplemente versiones distintas: diferentes variaciones del mismo tema.

Piensa en ello detenidamente, y verás que es verdad. Eso es lo que he llamado Pensamiento Promotor. Es tanto un pensamiento de amor como de temor. Este es el pensamiento que se oculta detrás del pensamiento que, a su vez, se oculta detrás del pensamiento. Es el primer pensamiento. Es la fuerza principal. Es la energía primaria que mueve el motor de la experiencia humana.

Y he ahí cómo el comportamiento humano produce una experiencia repetida tras otra; he ahí por qué los humanos aman, luego destruyen, y luego aman de nuevo: siempre con este movimiento pendular de una emoción a la otra. El amor promueve el temor, que promueve el amor, que promueve el temor...

... Y la razón se halla en la primera mentira —una mentira que sostenéis como si fuera la verdad sobre Dios— de que no se puede confiar en Dios; de que no se puede contar con el amor de Dios; de que el hecho de que Dios os acepte está condicionado; por tanto, de que el resultado final es dudoso. Entonces, si no podéis contar con que el amor de Dios está siempre ahí, ¿con el amor de quién podéis contar? Si Dios se retira y se aparta cuando vosotros no actuáis correctamente, ¿no lo harán los simples mortales?

... Y así es como en el momento en que prometéis vuestro más elevado amor, abrís la puerta a vuestro mayor temor.

Y ello, porque lo primero que os preocupa después de decir «Te amo» es si vais a escuchar lo mismo. Y si lo escucháis, entonces empezáis inmediatamente a preocuparos por la posibilidad de perder ese amor que acabáis de encontrar. Así, toda acción se convierte en reacción —de defensa ante a la pérdida—, incluso cuando tratáis de defenderos ante la pérdida de Dios.

Pero si supierais Quiénes sois —que sois el ser más magnífico, notable y espléndido que Dios ha creado nunca—, no habríais de sentir temor nunca; ya que ¿quién puede negar esa maravillosa magnificencia? Ni siquiera Dios podría criticar a un ser así.

Pero no sabéis Quiénes sois, y pensáis que sois mucho menos. ¿De dónde habéis sacado la idea de que sois cualquier cosa menos magníficos? De las únicas personas cuya palabra aceptaríais <u>plenamente. De vuestra madre y vuestro padre.</u>

Estas son las personas que más os aman. ¿Por qué habrían de mentiros? Sin embargo ¿no os han dicho que sois demasiado tal cosa, y no suficientemente tal otra? ¿No os han recordado que tenéis que pasar desapercibidos? ¿No os han regañado en algunos de vuestros momentos de mayor euforia? ¿Y no os han animado a desechar algunas de vuestras ideas más descabelladas?

Estos son los mensajes que habéis recibido, y, aunque no satisfacen los criterios, y, por tanto, no son mensajes de Dios, también podían haberlo sido, puesto que proceden, sin duda alguna, de los dioses de vuestro universo.

Fueron vuestros padres quienes os enseñaron que el amor está condicionado —habéis sentido esas condiciones muchas veces—, y esa es la experiencia que habéis interiorizado en vuestras relaciones amorosas.

Es también la experiencia que me aplicáis a Mí.

Y a partir de esta experiencia extraéis vuestras conclusiones sobre Mí. En este marco proclamáis vuestra verdad. «Dios es un Dios amoroso —decís—, pero si quebrantas Sus mandamientos, Él te castigará con el destierro perpetuo y la condenación eterna.»

¿Acaso no habéis experimentado el destierro de vuestros propios padres? ¿No conocéis el dolor de su condenación? ¿Cómo, entonces, podríais imaginar que iba a ser distinto conmigo?

Habéis olvidado qué era ser amado sin condiciones. No recordáis la experiencia del amor de Dios. Y así, tratáis de imaginar cómo debe de ser el amor de Dios basándoos en cómo veis que es el amor en el mundo.

Habéis proyectado en Dios el papel de «padre», y, en consecuencia, habéis salido con un Dios que juzga, y premia o castiga, en base a lo buenos que crea que habéis sido hasta ese momento. Pero esta es una visión simplista de Dios, basada en vuestra mitología. No tiene nada que ver con Quién soy Yo.

Así pues, habiendo creado todo un sistema de pensamiento acerca de Dios basado en la experiencia humana más que en las verdades espiritua-

les, después creasteis toda una realidad en torno al amor. Se trata de una realidad basada en el temor, arraigada en la idea de un Dios terrible y vengativo. Ese Pensamiento Promotor es erróneo, pero rechazarlo supondría desbaratar toda vuestra teología. Y aunque la nueva teología que podría reemplazarla sería <u>realmente</u> vuestra salvación, no podéis aceptarla, <u>puesto que la idea de un Dios al que no haya que temer, que no va a juzgar, y que no tiene ningún motivo para castigar, resulta sencillamente demasiado magnífica para incluirla ni siquiera en vuestra más grandiosa noción de Quién y Qué es Dios.</u>

Esta realidad del amor basada en el temor domina vuestra experiencia de aquél; más aún, en realidad la crea, ya que no sólo hace que consideréis que <u>recibís</u> un amor condicionado, sino también que penséis que lo dais del mismo modo. E incluso mientras negociáis y establecéis vuestras condiciones, una parte de vosotros sabe que eso no es realmente el amor. Aun así, parecéis incapaces de cambiar la manera de dispensarlo. Os decís a vosotros mismos que habéis aprendido la manera difícil, y ¡que os condenéis si os hacéis de nuevo vulnerables! Pero lo cierto es que deberíais decir ¡que os condenéis si no lo hacéis!

[Debido a vuestros propios (y equivocados) pensamientos sobre el amor sí que os condenáis realmente a no experimentarlo nunca en toda su pureza. Del mismo modo, os condenáis a no conocerme nunca como realmente soy. Al menos mientras obréis así, ya que no podéis rechazarme para siempre, y llegará el momento de nuestra Reconciliación.]

Cualquier acción emprendida por los seres humanos se basa en el amor o en el temor, y no simplemente las que afectan a las relaciones. Las decisiones relativas a los negocios, la industria, la política, la religión, la educación de vuestros jóvenes, la política social de vuestras naciones, los objetivos económicos de vuestra sociedad, las decisiones que implican guerra, paz, ataque, defensa, agresión, sometimiento; las determinaciones de codiciar o regalar, de ahorrar o compartir, de unir o dividir: cualquier decisión libre que toméis se deriva de uno de los dos únicos pensamientos posibles que existen: un pensamiento de amor o un pensamiento de temor.

El temor es la energía que contrae, cierra, capta, huye, oculta, acumula y daña.

El amor es la energía que expande, abre, emite, permanece, revela, comparte y sana.

El temor cubre nuestros cuerpos de ropa; el amor nos permite permanecer desnudos. El temor se aferra a todo lo que tenemos; el amor lo re-

gala. El temor prohíbe; el amor quiere. El temor agarra; el amor deja ir. El temor duele; el amor alivia. El temor ataca; el amor repara.

Cualquier pensamiento, palabra o acto humano se basa en una emoción o la otra. No tenéis más elección al respecto, puesto que no existe nada más entre lo que elegir. Pero tenéis libre albedrío respecto a cuál de las dos escoger.

Haces que parezca muy fácil, y, sin embargo, en el momento de la decisión el temor vence mucho más a menudo. ¿Por qué?

Habéis aprendido a vivir en el temor. Se os ha hablado de la supervivencia de los más capacitados, y de la victoria de los más fuertes y el éxito de los más inteligentes. Pero se os ha dicho muy poco sobre la gloria de quienes más aman. De este modo, os esforzáis por ser los más capacitados, los más fuertes, los más inteligentes —de una u otra manera—, y si en una situación determinada percibís que vosotros lo sois menos, tenéis miedo de perder, puesto que se os ha dicho que ser menos significa perder.

Así, evidentemente, elegís la acción promovida por el temor, porque eso es lo que os han enseñado. Pero Yo os enseño esto: cuando escojáis la acción promovida por el amor, entonces haréis algo más que sobrevivir, haréis algo más que vencer, haréis algo más que tener éxito. Entonces experimentaréis plenamente la gloria de Quienes Realmente Sois, y quienes podéis ser.

Para hacer esto, debéis dejar de lado las enseñanzas de vuestros bienintencionados, aunque mal informados, profesores mundanos, y escuchar las enseñanzas de aquellos cuya sabiduría proviene de otra fuente.

Hay muchos de estos profesores entre vosotros, como siempre los ha habido, ya que nunca he querido privaros de aquellos que os mostraran, os enseñaran, os guiaran y os recordaran esas verdades. No obstante, el mayor recordatorio no se halla fuera de vosotros, sino que es vuestra propia voz interior. Esta es la primera herramienta que utilizo, puesto que es la más accesible.

La voz interior es la voz más fuerte con la que hablo, puesto que es la más cercana a vosotros. Es la voz que os dice si todo lo demás es verdadero o falso, correcto o equivocado, bueno o malo, según vuestra definición. Es el radar que señala el rumbo, dirige el barco y guía el viaje, si dejáis que lo haga.

Es la voz que te dice ahora mismo si las propias palabras que estás leyendo son palabras de amor o palabras de temor. Con este patrón puedes determinar si son palabras que hay que tener en cuenta o palabras que hay que ignorar.

Dices que, si yo elijo siempre la acción impulsada por el amor, entonces experimentaré plenamente la gloria de quien soy y quien puedo ser. ¿Quieres explicármelo con más detalle, por favor?

Existe únicamente un propósito para toda la vida, y es, para vosotros y para todo lo que vive, experimentar la gloria más plena.

Todo lo que decís, hacéis o pensáis está subordinado a esta función. Vuestra alma no tiene que hacer nada más que eso, y no quiere hacer nada más que eso.

Lo maravilloso de este propósito es que nunca termina. Un fin es una limitación, y el propósito de Dios carece de este límite. Debe llegar un momento en el que os experimentéis a vosotros mismos en vuestra gloria más plena, y en ese instante imaginaréis una gloria aún mayor. Cuanto más seáis, más llegaréis a ser, y cuanto más lleguéis a ser, más podréis ser todavía.

El secreto más profundo es que la vida no es un proceso de descubrimiento, sino un proceso de creación.

No os descubrís a vosotros mismos, sino que os creáis a vosotros mismos de nuevo. Tratáis, por lo tanto, no de averiguar Quiénes Sois, sino de determinar Quiénes Queréis Ser.

Hay quienes dicen que la vida es una escuela, que estamos aquí para aprender unas determinadas lecciones, que una vez «graduados» podremos continuar con otros objetivos mayores, liberados ya de las cadenas del cuerpo. ¿Es eso cierto?

Es otra parte de vuestra mitología, basada en la experiencia humana.

¿La vida no es una escuela?

No.

¿No estamos aquí para aprender?

No.

Entonces ¿por qué *estamos* aquí?

Para recordar, y re-crear, Quiénes Sois.
Os lo he dicho una y otra vez, y no Me creéis. Pero así ha de ser; ya
que, verdaderamente, si no os creéis como Quienes Sois, no podéis ser.

Bueno, me he perdido. Volvamos a lo de la escuela. He escuchado
a un maestro tras otro decirnos que la vida es una escuela. Francamen-
te, me choca oírte negarlo.

La escuela es un lugar adonde uno va si hay algo que uno no sabe y
quiere saber. No es un lugar adonde uno va si ya sabe algo y simplemen-
te quiere experimentar su sabiduría.
La vida (como la llamáis) es una oportunidad para vosotros de saber
experimentalmente lo que ya sabéis conceptualmente. No necesitáis
aprender nada al respecto. Necesitáis simplemente recordar lo que ya sa-
béis, y obrar en consecuencia.

No estoy seguro de entenderlo.

Empecemos por aquí. El alma —vuestra alma— ya sabe todo lo que
se puede saber en todo momento. Nada se le oculta, nada desconoce. Pero
saberlo no es suficiente. El alma aspira a experimentarlo.
Podéis saber que sois generosos, pero a menos que hagáis algo que de-
muestre generosidad, no tenéis sino un concepto. Podéis saber que sois
amables, pero a menos que hagáis algo que demuestre amabilidad con al-
guien, no tenéis sino una idea sobre vosotros mismos.
El único deseo de vuestra alma es convertir ese magnífico concepto de
sí misma en su mayor experiencia. En tanto el concepto no se convierta en
experiencia, todo lo que hay es especulación. Yo he estado especulando so-
bre Mí mismo durante mucho tiempo. Más del que tú y Yo podríamos re-
cordar conjuntamente. Más que la edad del universo multiplicada por sí
misma. ¡Ve, pues, qué joven es —qué nueva es— Mi experiencia de Mí
mismo!

Me he perdido de nuevo. ¿Tu experiencia de Ti mismo?

Sí. Permíteme que te lo explique de este modo:
En el principio, lo que Es era todo lo que había, y no había nada más.

Pero Todo Lo Que Es no podía conocerse a sí mismo, pues Todo Lo Que Es era todo lo que había, y no había _nada más_. Así, Todo lo Que Es... _no_ era, ya que, en ausencia de cualquier otra cosa, Todo lo Que Es _no_ es.

Este es el gran «Es - No Es» al que han aludido los místicos desde el principio de los tiempos.

Ahora bien, Todo lo Que Es _sabía_ que era todo lo que había; pero eso no era suficiente, puesto que sólo podía conocer su total magnificencia _conceptualmente_, no _experiencialmente_. Sin embargo, es la _experiencia_ de sí mismo lo que anhelaba, puesto que quería saber que le apetecía ser tan magnífico. Aun así, eso era imposible, ya que el propio término _magnífico_ es un término relativo. Todo lo Que Es no podía saber que le apetecía ser magnífico a menos que _lo que no es_ lo descubriera. En ausencia de _lo que no es_, lo que Es _no_ es.

¿Lo entiendes?

Creo que sí. Continúa.

De acuerdo. Lo único que Todo lo Que Es sabía es que no había _nada más_. Así no podía, ni lograría, _nunca_ conocerse a Sí mismo desde un punto de referencia exterior a Sí mismo: dicho punto de referencia no existía. Sólo existía un punto de referencia, y era el único lugar interior. El «Es - No Es». El «Soy - No Soy».

Aun así, el Todo de Todo decidió conocerse _experimentalmente_.

Esta _energía_ —pura, invisible, inaudible, inobservada y, por lo tanto, desconocida-por-cualquier-otra _energía_— decidió experimentarse a Sí misma como la total magnificencia que era. Para ello, se dio cuenta de que habría de utilizar un punto de referencia _interior_.

Se hizo el razonamiento, totalmente correcto, de que cualquier _parte_ de Sí mismo había de ser necesariamente _menos que el total_, y, por tanto, si simplemente se _dividía_ a sí mismo en partes, cada parte, al ser menos que el total, podía mirar al resto de Sí mismo y ver su magnificencia.

Así, Todo lo Que Es se dividió a Sí mismo, convirtiéndose, en un momento glorioso, en lo que es _esto_ y lo que es _aquello_. Por primera vez, existían esto y _aquello_, completamente separados lo uno de lo otro. Y aun así, existían simultáneamente; tal como sucedía con todo lo que no era _ninguno de los dos_.

Así, de repente existían _tres elementos_: lo que está _aquí_; lo que está _allí_, y lo que no está _ni aquí ni allí_, pero que _debe existir_ para que _aquí_ y _allí_ existan.

34

Es la nada la que sostiene al todo. Es el no-espacio el que sostiene al espacio. Es el todo el que sostiene a las partes.

¿Lo entiendes?

¿Me sigues?

Creo que sí, realmente. Lo creas o no, lo has ilustrado de una forma tan clara que creo que verdaderamente lo entiendo.

Voy a ir más lejos. Esa nada que sostiene al <u>todo</u> es lo que algunas personas llaman Dios. Pero eso tampoco resulta acertado, puesto que sugiere que existe algo que Dios no es; a saber, todo lo que no es «nada». Pero Yo soy <u>Todas las Cosas</u> —visibles e invisibles—, de modo que esta descripción de Mí como el Gran Invisible, la Nada, el No-Espacio, una definición de Dios esencialmente mística, al modo oriental, no resulta más acertada que la descripción esencialmente práctica, al modo occidental, de Dios como todo lo visible. Quienes creen que Dios es Todo lo Que Es y Todo lo Que No Es son quienes lo entienden correctamente.

Ahora bien, al crear lo que está «aquí» y lo que está «allí», Dios hizo posible que Dios se conociera a sí mismo. En el momento de esta gran explosión de su interior, Dios creó la <u>relatividad</u>, el mayor don que se hizo nunca a sí mismo. De este modo, la <u>relación</u> es el mayor don que Dios os hizo nunca; pero discutiremos este aspecto más adelante.

Así pues, a partir de la Nada surgió el Todo; por cierto, un acontecimiento espiritual del todo coherente con lo que vuestros científicos llaman la teoría del Big Bang.

Como todos los elementos se hallaban en movimiento, se creó el <u>tiempo</u>, puesto que algo que primero estaba aquí luego estaba <u>allí</u>, y el período que empleaba en <u>ir</u> de aquí a allí resultaba mensurable.

Exactamente como las partes de Sí mismo visibles empezaron a definirse por sí mismas, unas «en relación» con las otras, así sucedió también con las partes invisibles.

Dios sabía que, para que existiera el amor —y se conociera a sí mismo como <u>puro amor</u>—, había de existir también su contrario. Así, Dios creó voluntariamente la gran polaridad: el opuesto absoluto del amor —todo lo que el amor no es—, que ahora llamamos temor. Desde el momento en que existía el temor, el amor podía existir como <u>algo que se podía experimentar</u>.

Es a esta <u>creación de dualidad</u> entre el amor y su contrario a la que se refieren los humanos, en sus diversas mitologías, como el <u>nacimiento del diablo</u>, la caída de Adán, la rebelión de Satán, etc.

Del mismo modo que habéis decidido personificar el amor puro en el personaje que llamáis Dios, también habéis decidido personificar el temor abyecto en el personaje que llamáis el demonio.

En la Tierra, algunos han establecido mitologías algo más elaboradas en torno a este acontecimiento, completadas con argumentos de batallas y guerras, soldados angélicos y guerreros diabólicos, las fuerzas del bien y del mal, de la luz y la oscuridad.

Esta mitología ha constituido el primer intento por parte de los hombres de entender, y explicar a los demás de manera que pudieran entenderlo, un acontecimiento cósmico del que el alma humana es profundamente consciente, pero que la mente apenas puede concebir.

Al dar el universo como una versión dividida de Sí mismo, Dios produjo, a partir de la energía pura, todo lo que ahora existe; tanto lo visible como lo invisible.

En otras palabras, no sólo se creaba de este modo el universo físico, sino también el universo metafísico. La parte de Dios que forma el segundo término de la ecuación «Soy - No Soy» explotó también en un infinito número de unidades más pequeñas que el conjunto. A estas unidades de energía las llamaríais espíritus.

En algunas de vuestras mitologías religiosas se afirma que «Dios Padre» tiene muchos hijos espirituales. Este paralelismo con la experiencia humana de la vida que se multiplica parece ser el único modo de que las masas puedan captar en realidad la idea de la súbita aparición —la súbita existencia— de innumerables espíritus en el «Reino de los Cielos».

En este caso, vuestros cuentos e historias míticas no se hallan tan lejos de la realidad última, puesto que los infinitos espíritus, comprendiendo la totalidad de Mí, son, en un sentido cósmico, Mi descendencia.

Mi divino propósito al dividirme era crear suficientes partes de Mí como para poder conocerme a Mí mismo experimentalmente. Sólo hay una manera en que el Creador puede conocerse experiencialmente en cuanto Creador, y es creando. Así, di a cada una de las innumerables partes de Mí (a todos Mis hijos espirituales) el mismo poder de crear que Yo poseo en su totalidad.

A eso es a lo que se refiere vuestra religión cuando afirma que fuisteis creados «a imagen y semejanza de Dios». Esto no significa, como han dicho algunos, que nuestros cuerpos físicos sean iguales (aunque Dios puede adoptar cualquier forma física que quiera para un determinado propósito). Significa que nuestra esencia es la misma. Estamos hechos de la misma sustancia. ¡SOMOS la «misma sustancia»! Con las mismas propie-

dades y capacidades, incluyendo la capacidad de crear realidad física de un soplo.

Mi propósito al crearos a vosotros, Mi descendencia espiritual, era conocerme a Mí mismo como siendo Dios. No tenía modo de hacerlo, *salvo a través de vosotros.* Así, se puede decir (y se ha dicho muchas veces) que Mi propósito respecto a vosotros es que *vosotros* os conozcáis como siendo Yo.

Esto parece extraordinariamente simple, pero resulta muy complejo, ya que sólo hay un modo de conoceros como siendo *Yo,* y es conoceros *primero* como siendo *no Yo.*

Ahora trata de seguirme —esfuérzate por no perder el hilo—, ya que el asunto se hace más sutil. ¿Listo?

Creo que sí.

Bien. Recuerda que me has pedido esta explicación. Has estado esperándola durante años. Y me la has pedido en términos profanos, no en doctrinas teológicas o teorías científicas.

Sí; soy consciente de lo que te he pedido.

Y tal como la has pedido te la voy a dar.

Ahora bien, para simplificar las cosas, voy a utilizar vuestro modelo mitológico de los hijos de Dios como la base de Mi exposición, ya que se trata de un modelo con el que estáis familiarizados, y en muchos aspectos no resulta tan lejano.

Así, volvamos a cómo se desarrolla este proceso de auto-conocimiento.

Sólo había un modo de que Yo motivara a todos Mis hijos espirituales a conocerse a sí mismos como partes de Mí, y era simplemente diciéndoselo. Y eso hice. Pero, como puedes ver, no era suficiente para el Espíritu conocerse simplemente como siendo Dios, o parte de Dios, o hijo de Dios, o heredero del Reino (o cualquier mitología que quieras utilizar).

Como ya he explicado, conocer algo y *experimentarlo* son dos cosas distintas. El Espíritu anhelaba conocerse experiencialmente (¡como *Yo* hice!). La conciencia conceptual no era suficiente para vosotros. Así, ideé un plan. Es la idea más extraordinaria de todo el universo; y también la colaboración más espectacular. Digo «colaboración» porque *todos vosotros estáis en esto conmigo.*

Con este plan, vosotros, en cuanto espíritu puro, entraríais en el uni-

verso físico recién creado. Y ello porque lo <u>físico</u> es la única manera de co-
nocer experiencialmente lo que se conoce conceptualmente. Esta es, en
efecto, la razón por la que he creado el cosmos físico para empezar, así
como el sistema de relatividad que lo gobierna, y toda la creación.

Una vez en el universo físico, vosotros, Mis hijos espirituales, podéis
experimentar lo que sabéis de vosotros mismos; pero primero habéis de
<u>pasar por conocer lo contrario</u>. Para explicarlo de una manera sencilla, no
podéis conoceros a vosotros mismos en vuestra grandeza a menos que —
y hasta que— seáis conscientes de vuestra pequeñez. No podéis experi-
mentar lo que vosotros llamáis importante a menos que también paséis
por conocer lo insignificante.

Llevado a sus últimas consecuencias lógicas, no podéis experimenta-
ros a vosotros mismos como lo que sois hasta que os hayáis enfrentado a
lo que <u>no</u> sois. Este es el propósito de la teoría de la relatividad y de toda
la vida física. Por eso es por lo que no sois tal como vosotros os habéis de-
finido.

Ahora bien, en el caso del conocimiento último —en el caso del co-
nocimiento de vosotros mismos como siendo el Creador—, no podéis ex-
perimentar vuestro propio Yo como creador a menos que —y hasta que—
creéis. Y no podéis crearos a vosotros mismos en tanto no os <u>des-creéis</u> a
vosotros mismos. En cierto sentido, tenéis primero que «no ser», con el
fin se ser. ¿Me sigues?

Creo...

Quédate con esa idea.

Por supuesto, no hay ninguna manera de que no seáis quienes sois y
lo que sois; simplemente <u>lo sois</u> (espíritu puro, creador), siempre lo habéis
sido y siempre lo seréis. Así pues, hicisteis lo mejor que podíais hacer.
<u>Procurasteis olvidar</u> Quiénes Sois Realmente.

Una vez entrados en el universo físico, <u>renunciasteis a vuestro recuer-</u>
<u>do de vosotros mismos</u>. Eso os permite decidir ser Quienes Sois, en lugar
de encontraros simplemente siéndolo, por así decir.

Es en el acto de decidir ser, y no en estar siendo simplemente lo que
sois, una parte de Dios, en el que os <u>experimentáis</u> a vosotros mismos
como siendo con total decisión, que es lo que, por definición, es Dios. Sin
embargo, ¿cómo podéis decidir respecto a algo sobre lo que <u>no hay</u> ningu-
na decisión? No podéis no ser Mi descendencia por mucho que os empe-
ñéis; pero sí <u>podéis olvidarlo</u>.

Vosotros sois, siempre habéis sido y siempre seréis, una parte divina del todo divino, un miembro del cuerpo. He aquí por qué el acto de reunirse con el todo, de volver a Dios, se llama remembranza. Verdaderamente decidís re-membrar Quienes Realmente Sois, o reuniros junto con las diversas partes de vosotros para experimentar el todo de vosotros; es decir, el Todo de Mí.

Vuestra tarea en la Tierra, por lo tanto, no es aprender (puesto que ya sabéis), sino re-membrar Quiénes Sois. Y re-membrar quiénes son todos los demás. He aquí por qué una parte importante de vuestra tarea consiste en recordar a los demás (es decir, recordarles a ellos y acordarse de ellos), de modo que también puedan re-membrar.

Todos vuestros maravillosos maestros espirituales han hecho precisamente esto. Este es vuestro único objetivo. Es el único objetivo de vuestra alma.

¡Dios mío, es tan simple! ¡Y tan... simétrico! Quiero decir, ¡que todo encaja! ¡De repente, todo cuadra! Ahora veo un panorama que nunca antes había visto entero del todo.

Bien. Eso está bien. Ese es el propósito de este diálogo. Me has pedido respuestas. Y te he prometido que te las daría.

Harás un libro con este diálogo, y harás que Mis palabras resulten accesibles a muchas personas. Esto forma parte de tu trabajo. Ahora bien, tú tienes más preguntas que formular acerca de la vida. Ya hemos colocado los cimientos; hemos preparado el terreno para nuevos conocimientos. Vayamos a esas otras preguntas. Y no te preocupes. Si hay algo en relación a lo que acabamos de tratar que no entiendes en profundidad, muy pronto lo verás todo claro.

¡Hay tanto que quiero preguntarte! ¡Hay tantas preguntas! Supongo que puedo empezar por las más importantes, las más obvias. Por ejemplo, ¿por qué el mundo es tal como es?

De todas las preguntas que el hombre le ha hecho a Dios, esta es la más frecuente. Desde el principio de los tiempos el hombre se ha formulado esta pregunta. Desde el primer momento habéis querido saberlo: ¿por qué tiene que ser así?

Normalmente, el planteamiento clásico de la cuestión es más o menos éste: si Dios es infinitamente perfecto y nos ama infinitamente, ¿por qué crear el hambre y la peste, la guerra y la enfermedad, los terremotos, los tornados, los huracanes y todo tipo de desastres naturales; por qué los estados de profunda frustración personal y las calamidades mundiales?

La respuesta a esta pregunta reside en el más profundo misterio del universo y el más alto sentido de la vida.

<u>Yo no manifiesto Mi bondad si sólo creo lo que llamáis perfección en torno a vosotros. Yo no demuestro Mi amor si no permito que vosotros demostréis el vuestro.</u>

Como ya he explicado, no se puede demostrar amor en tanto no se haya demostrado no amor. Una cosa no puede existir sin su contraria, excepto en el mundo del absoluto. Sin embargo, la esfera del absoluto no era suficiente ni para vosotros ni para Mí. Yo existía allí, en el siempre, y de ahí procedéis también vosotros.

En el absoluto no hay experiencia; sólo conocimiento. El conocimiento es un estado divino, pero la más grandiosa alegría está en el ser. <u>Ser</u> es algo que se alcanza únicamente por la experiencia. En esto consiste la evolución: <u>conocimiento, experiencia, ser</u>. Esta es la Santísima Trinidad; Dios Trino.

Dios Padre es <u>conocimiento</u>: el padre de toda comprensión, el engendrador de toda experiencia, ya que no se puede experimentar lo que no se conoce.

Dios Hijo es <u>experiencia</u>: la encarnación, la realización, de todo lo que el Padre sabe de Sí mismo, ya que no se puede ser lo que no se ha experimentado.

Dios Espíritu Santo es <u>ser</u>: la <u>des</u>-encarnación de todo lo que el Hijo ha experimentado de sí mismo; el simple y exquisito existir, posible sólo a través de la memoria del conocimiento y la experiencia.

Este simple ser es la felicidad. Es el estado de Dios, después de haberse conocido y experimentado a Sí mismo. Es lo que Dios anhelaba en el principio.

Por supuesto, no hace falta que te explique que las descripciones de Dios como padre e hijo no tienen nada que ver con el hecho de engendrar. Utilizo aquí la pintoresca forma de hablar de vuestras más recientes escrituras. Otros escritos sagrados mucho más antiguos situaban esta metáfora en el contexto de madre e hija. Ninguna de ellas es correcta. Vuestra mente puede entender mejor la relación como: progenitor-descendencia; o bien: lo-que-da-origen, y lo-que-es-originado.

Al añadir la tercera parte de la Trinidad, se produce esta relación:

Lo que da origen / Lo que es originado / Lo que es.

Esta Realidad Trina es la firma de Dios. Es la pauta divina. Esta característica de «tres-en-uno» se encuentra por doquier en las esferas de lo sublime. No se puede escapar a ella en las cuestiones que tratan del tiempo y el espacio, Dios y la conciencia, o cualquier relación sutil. Por otra parte, no se puede hallar esta Verdad Trina en ninguna de las relaciones ordinarias de la vida.

La Verdad Trina es reconocida en las relaciones sutiles de la vida por todo aquel que se ocupe de tales relaciones. Algunos de vuestros teóricos de la religión han descrito la Verdad Trina como Padre, Hijo y Espíritu Santo. Algunos de vuestros psiquiatras utilizan los conceptos de superconsciente, consciente y subconsciente. Algunos de vuestros espiritualistas hablan de mente, cuerpo y espíritu. Algunos de vuestros científicos aluden a energía, materia y éter. Algunos de vuestros filósofos dicen que una cosa no es verdadera hasta que lo es de pensamiento, palabra y obra. Cuando habláis del tiempo, os referís sólo a tres tiempos: pasado, presente y futuro. Del mismo modo, vuestra percepción se compone de tres momentos: antes, ahora y después. En términos de relaciones espaciales, tanto si consideráis distintos puntos en el universo como si es en vuestra propia habitación, reconocéis tres aspectos: aquí, allí, y el espacio intermedio entre ambos.

En cuanto a las relaciones ordinarias, no reconocéis ningún «intermedio». Y ello porque las relaciones ordinarias son siempre díadas, mientras que las relaciones de ámbito superior son invariablemente tríadas. Así, tenéis: derecha-izquierda, arriba-abajo, grande-pequeño, rápido-lento, caliente-frío, y la mayor díada jamás creada: macho-hembra. En tales díadas no existen <u>intermedios</u>. Cualquier cosa es <u>o una cosa o la otra</u>, o una <u>versión</u> mayor o menor en relación <u>con</u> una de esas polaridades.

En el ámbito de las relaciones ordinarias, no puede existir nada conceptualizado sin que exista la conceptualización de su <u>contrario</u>. La mayor parte de vuestra experiencia cotidiana se basa en esta realidad.

En el ámbito de las relaciones sublimes nada de lo que existe tiene su contrario. Todo Es Uno, y todo progresa de lo uno a lo otro en un círculo infinito.

El tiempo es como el ámbito de lo sublime; en él, lo que llamáis pasado, presente y futuro existe de modo <u>inter-relacional</u>. Es decir, no hay contrarios, sino más bien partes del mismo todo; progresiones de la misma idea; ciclos de la misma energía; aspectos de la misma Verdad inmutable. Si, a partir de aquí, llegas a la conclusión de que el pasado, el presente y el futuro existen al mismo «tiempo», estarás en lo cierto. (Sin embargo, no es este el momento de tratar de esto. Nos ocuparemos de ello con mucho más detalle cuando exploremos plenamente el concepto de tiempo, lo que haremos más tarde.)

El mundo es tal como es porque no podría ser de ninguna <u>otra manera</u> y seguir existiendo en la esfera ordinaria de lo físico. Los terremotos y los huracanes, las inundaciones y los tornados, y todos los acontecimientos que llamáis desastres naturales no son sino movimientos de los elementos de una polaridad a la otra. El ciclo nacimiento-muerte forma también parte de este movimiento. Estos son los ritmos de la vida, y en la realidad ordinaria todo está sujeto a ellos, puesto que la <u>propia</u> vida es un ritmo. Es una onda, una vibración, una pulsación del mismo corazón de Todo lo Que Es.

El malestar y la enfermedad son los contrarios de la salud y el bienestar, y se manifiestan en vuestra realidad a petición vuestra. No podéis caer enfermos si, a un determinado nivel, no lo provocáis vosotros mismos, y podéis estar bien de nuevo en un cierto momento simplemente decidiendo estarlo. Los estados de profunda frustración personal son respuestas que habéis elegido, y las calamidades mundiales son el resultado de la conciencia mundial.

Tu pregunta implica que yo decido tales acontecimientos, que ocurrirían por Mi voluntad y Mi <u>deseo. Pero Yo no provoco estas cosas; simplemente os observo</u> a vosotros <u>hacerlo</u>. Y no hago nada para detenerlas, porque obrar así sería <u>coartar vuestra voluntad</u>. Además, ello os privaría de la experiencia de Dios, que es la experiencia que vosotros y Yo hemos elegido juntos.

No condenes, pues, todo aquello que llamarías malo en el mundo. En lugar de ello, pregúntate qué es lo que consideras malo y, en su caso, qué puedes hacer para cambiarlo.

Investiga en ello, preguntándote: «¿Qué parte de mí mismo quiero experimentar ahora ante esta calamidad? ¿Qué aspecto del ser decido que surja a partir de ahora?». Y ello, porque todo lo vivo existe como una herramienta de vuestra propia creación, y todos sus acontecimientos se presentan simplemente como oportunidades para que decidáis, y seáis, Quienes Sois.

Esto es así para <u>cualquier</u> alma; no sois, por tanto, víctimas en el universo, sino únicamente creadores. Todos los Maestros que han caminado por este planeta lo han sabido. Y ello porque, no importa qué Maestro se mencione, ninguno se veía a sí mismo como víctima; aunque muchos fueron realmente crucificados.

Cada *alma* es un Maestro, aunque algunas no recuerden sus orígenes o su herencia. Cada uno crea, en cada momento, la situación y la circunstancia apropiadas para su objetivo más elevado y su proceso de recuerdo más rápido.

No juzgues, pues, el camino kármico que recorre otra persona. No envidies su éxito, no compadezcas su fracaso, puesto que no sabes qué es éxito y qué fracaso en los cálculos del alma. No llames a algo calamidad, ni feliz acontecimiento, hasta que decidas, o compruebes, cómo es utilizado; ya que ¿es una calamidad la muerte de uno si con ello salva las vidas de miles? ¿Y es una vida un feliz acontecimiento cuando ésta sólo ha provocado dolor? Sin embargo, aunque no juzgues, mantén siempre tu propio criterio, y deja que los demás sigan el suyo.

Esto no significa que debas ignorar una petición de ayuda, ni la tendencia de tu alma a procurar cambiar una circunstancia o condición determinada. Significa que has de evitar las etiquetas y los juicios hagas lo que hagas. Para cada circunstancia hay un don, y en cada experiencia se oculta un tesoro.

Había una vez un alma que sabía que ella era la luz. Era un alma nueva, y, por lo tanto, ansiosa por experimentar. «Soy la luz —decía—. Soy la luz.» Pero todo lo que supiera al respecto y todo lo que dijera al respecto no podían sustituir a la experiencia. Y en la esfera de la que surgió esta alma no había sino la luz. *Todas* las almas era grandiosas, todas las almas eran magníficas, y todas las almas brillaban con el brillo imponente de Mi propia luz. Así, la pequeña alma en cuestión era como una vela en el sol. En medio de la más grandiosa luz —de la que formaba parte—, no podía verse a sí misma, ni experimentarse a sí misma como Quien y Lo Que Realmente Era.

Sucedía que esta alma anhelaba una y otra vez conocerse a sí misma. Y tan grande era su anhelo, que un día le dije:

—¿Sabes, Pequeña, qué deberías hacer para satisfacer este anhelo tuyo?

—¿Qué, Dios Mío? ¡Quiero hacer *algo*! —me dijo la pequeña alma.

—Debes separarte del resto de nosotros —respondí—, y luego debes surgir por ti misma en la oscuridad.

—¿Qué es la oscuridad, oh, Santo? —preguntó la pequeña alma.

—Lo que tú no eres —le respondí, y el alma lo entendió.

Y eso hizo el alma, apartándose del Todo, e incluso yendo hacia otra esfera. En esta esfera el alma tenía la facultad de incorporar a su experiencia todo género de oscuridad. Y así lo hizo.

Pero en medio de toda aquella oscuridad, gritó:

—¡Padre, Padre! ¿Por qué me has abandonado?

Igual que vosotros en vuestros momentos más negros. Pero Yo nunca os he abandonado, sino que estoy siempre a vuestra disposición, dispuesto a recordaros Quiénes Sois Realmente; dispuesto, siempre dispuesto, a recibiros en casa.

Así pues, sé la luz en la oscuridad, y no la maldigas.

Y no olvides Quién Eres mientras dura tu rodeo por el camino de lo que no eres. Pero alaba la creación, aunque trates de cambiarla.

Y sabe que lo que hagas en los momentos de más dura prueba puede ser tu mayor triunfo, ya que la experiencia que creas es una afirmación de Quién Eres, y de Quién Quieres Ser.

Te he explicado esta historia —la parábola de la pequeña alma y el sol— a fin de que puedas entender mejor por qué el mundo es como es, y cómo puede cambiar en un instante en el momento en que cada uno recuerde la divina verdad de su más alta realidad.

Ahora bien, hay quienes dicen que la vida es una escuela, y que todo lo que uno observa y experimenta en su vida es para que aprenda. Ya he hablado de ello antes; pero nuevamente os digo:

No habéis venido a esta vida a aprender nada; sólo tenéis que manifestar lo que ya sabéis. Al manifestarlo, lo realizaréis y os crearéis a vosotros mismos de nuevo, a través de vuestra experiencia. Así pues, justificad la vida y dotadla de objetivo. Hacedla sagrada.

¿Estás diciendo que todo lo malo que nos sucede lo hemos elegido nosotros? ¿Significa eso que incluso las calamidades y los desastres son, a un cierto nivel, creados por nosotros a fin de que podamos «experimentar lo contrario de Quienes Somos»? Y, si es así, ¿no hay una manera menos dolorosa —menos dolorosa para nosotros mismos y para los demás— de crearnos las oportunidades de experimentarnos a nosotros mismos?

Me haces varias preguntas, y todas interesantes. Vamos a verlas una por una.

No, no todo lo que os ocurre y que llamáis malo sucede por vuestra propia elección. No en el sentido consciente al que tú aludes. Pero todo ello es vuestra creación.

Estáis siempre en proceso de creación. En cada momento. En cada minuto. Cada día. Más tarde nos ocuparemos de cómo podéis crear. Por

44

ahora, simplemente cree lo que te digo: sois una gran máquina de creación, y estáis produciendo cada nueva manifestación literalmente a la misma velocidad con la que pensáis.

Eventos, sucesos, acontecimientos, condiciones, circunstancias: todo ello son creaciones de la conciencia. La conciencia individual es bastante poderosa. Puedes imaginar qué género de energía creadora se desata cada vez que dos o más se reúnen en Mi nombre. ¿Y la conciencia colectiva? ¡Ésta es tan poderosa que puede crear acontecimientos y circunstancias de importancia mundial y consecuencias planetarias!

No sería correcto decir —al menos no en el sentido que tú le das— que elegís dichas consecuencias. No las elegís más de lo que pueda elegirlo yo. Como yo, las observáis. Y decidís Quiénes Sois en función de ellas.

Sin embargo, no hay víctimas en el mundo; ni malvados. Ni tampoco sois víctimas de las decisiones de los demás. En un determinado nivel, habéis creado <u>todo</u> aquello que decís que aborrecéis; y, al haberlo creado, lo habéis elegido.

Se trata de un nivel avanzado de pensamiento; un nivel al que, antes o después, acceden todos los Maestros, ya que sólo cuando son capaces de aceptar la responsabilidad de <u>todo</u> pueden adquirir la capacidad de cambiar <u>una parte</u>.

En la medida en que alberguéis la noción de que hay algo o alguien ajeno que «os hace algo» a vosotros, perderéis la capacidad de actuar por vosotros mismos. Sólo cuando digáis «yo <u>hago</u> esto» podréis hallar la fuerza necesaria para cambiarlo.

<u>Es mucho más fácil cambiar lo que hace uno mismo que cambiar lo que hace otro.</u>

El primer paso a la hora de cambiar algo es saber y aceptar que habéis elegido que eso sea lo que es. Si no podéis aceptar esto a un nivel personal, aceptadlo mediante la interpretación de que Nosotros somos Uno. Tratad, pues, de crear un cambio no porque algo sea malo, sino porque ha dejado de constituir una adecuada afirmación de Quiénes Sois.

<u>Sólo hay una razón para hacer algo: que eso sea una afirmación ante el universo de Quiénes Sois.</u>

Tomada en este sentido, la vida se convierte en auto-creadora. Utilizáis la vida para crearos a vosotros mismos como siendo Quienes Sois, y Quienes Siempre Habéis Querido <u>Ser</u>. Hay también una sola razón para dejar de hacer algo: que eso haya dejado de ser un afirmación de Quiénes Queréis Ser; que ya no sea vuestro reflejo, que ya no os represente (es decir, que ya no os <u>re-presente</u>...).

Si queréis ser adecuadamente re-presentados, debéis procurar cambiar cualquier aspecto de vuestra vida que no encaje en el retrato de vosotros mismos que deseáis proyectar en la eternidad.

En el más amplio sentido, todo lo «malo» que sucede es por vuestra elección. El error no está en elegirlo, sino en calificarlo de «malo». Al calificarlo así, os calificáis de malos a vosotros mismos, ya que se trata de una creación vuestra.

No podéis aceptar esta etiqueta, no tanto porque os calificáis de malos como porque negáis vuestras propias creaciones. Esta es la falta de honradez intelectual y espiritual que os permite aceptar un mundo cuyas condiciones son como son. Si aceptarais —e incluso percibierais, con un profundo sentimiento interior— vuestra <u>responsabilidad personal</u> respecto al mundo, éste sería un lugar muy diferente. Esto, desde luego, sería así si todo <u>el mundo</u> se sintiera responsable. Que eso sea tan manifiestamente obvio es lo que lo hace tan absolutamente penoso, y tan patéticamente irónico.

Las calamidades y desastes naturales del mundo —sus tornados y huracanes, sus volcanes e inundaciones; sus desórdenes físicos— no son específicamente una creación vuestra. Pero <u>sí</u> lo es el grado en que dichos sucesos afectan a vuestra vida.

Ocurren acontecimientos en el universo que ni siquiera con un esfuerzo de imaginación se podría afirmar que son instigados o creados por uno.

Dichos eventos los crea la conciencia combinada del hombre. Todo el mundo, co-creando conjuntamente, produce dichas experiencias. Lo que hace cada uno de vosotros, individualmente, es moverse a través de dichas experiencias, decidiendo qué significado tienen para él —si tienen alguno—; decidiendo Quiénes y Qué sois en relación con ellas.

<u>Así, creáis colectiva e individualmente la vida y los momentos que experimentáis, para el propósito del alma de evolucionar.</u>

Me has preguntado si no hay una manera menos dolorosa de pasar por este proceso, y la respuesta es que sí; pero nada en tu experiencia externa habrá cambiado. La manera de reducir el dolor que asocias con las experiencias y acontecimientos de la tierra —tanto tuyos como de los demás— es <u>cambiar el modo de percibirlos</u>.

No puedes cambiar el acontecimiento externo (puesto que ha sido creado por muchos de vosotros, y vuestras conciencias no se han desarrollado lo bastante como para alterar individualmente lo que ha sido creado colectivamente), de modo que debes cambiar la experiencia interna. Esta es la llave maestra de la vida.

Nada es doloroso en y por sí mismo. El dolor es el resultado de un pensamiento equivocado. Es un error en el pensar.

Un Maestro puede hacer desaparecer el mayor dolor; de este modo, el Maestro sana.

El dolor resulta de un juicio que te has formado sobre algo. Elimina el juicio, y el dolor desaparecerá.

A menudo, el juicio se basa en la experiencia previa. Vuestra idea sobre algo se deriva de una idea anterior sobre aquello. A su vez, vuestra idea anterior resulta de otra aún anterior a ella, y ésta de otra, y así sucesivamente; hasta llegar, recorriendo todo el camino hacia atrás —como en la sala de los espejos—, a lo que Yo llamo el primer pensamiento.

Todo pensamiento es creador, y ningún pensamiento es más poderoso que el pensamiento original. He ahí por qué a veces se le llama también pecado original.

El pecado original consiste en que vuestro primer pensamiento sobre algo sea un error. Este error se mezcla muchas veces con un segundo o tercer pensamiento. La tarea del Espíritu Santo consiste en inspiraros nuevos conocimientos que puedan liberaros de vuestros errores.

¿Estás diciendo que no debo sentirme mal al pensar en los niños que mueren de hambre en África, la violencia y la injusticia en América, o el terremoto que mata a centenares de personas en Brasil?

En el mundo de Dios no existen los «debo» ni los «no debo». Haz lo que quieras hacer. Haz aquello que constituya tu reflejo, aquello que te represente como una versión más magnífica de Ti mismo. Si quieres sentirte mal, siéntete mal.

Pero no juzgues, ni condenes, puesto que no sabes por qué ocurren las cosas, ni con qué fin.

Y recuerda esto: aquello que condenes te condenará, y un día serás aquello que juzgas.

Trata, más bien, de cambiar —o ayudar a quienes lo están cambiando— aquello que ha dejado de reflejar vuestro más alto sentido de Quienes Sois.

No obstante, bendícelo todo, pues todo es creación de Dios, a través de la vida, que constituye la más alta creación.

¿Podríamos detenernos aquí un instante para que pueda recobrar el aliento? ¿He oído bien? ¿Dices que en el mundo de Dios no existen los «debo» ni los «no debo»?

Exacto.

¿Cómo puede ser? Si no existen en *Tu* mundo, ¿dónde *existirían* entonces?

¿Que dónde...?

Repito la pregunta. ¿Dónde existirían los «debo» y «no debo», si no es en Tu mundo?

En vuestra <u>imaginación</u>.

Sin embargo, quienes me enseñaron todo lo que sé acerca de lo correcto y lo equivocado, lo que hay que hacer o dejar de hacer, lo que se debe o no se debe hacer, me dijeron que todas aquellas reglas se fundamentaban en *Ti*: en Dios.

Entonces, quienes te enseñaron estaban equivocados. Yo nunca he establecido qué es lo «correcto» o lo «equivocado», qué «hay que hacer» o qué «no hay que hacer». Obrar así equivaldría a despojaros completamente de vuestro mayor don: la posibilidad de hacer lo que os plazca, y experimentar los resultados de ello; la oportunidad de crearos a vosotros mismos de nuevo a imagen y semejanza de Quienes Realmente Sois; el espacio para producir una realidad de vosotros mismos cada vez mayor, basada en vuestra idea más magnífica de aquello de lo que sois capaces.

<u>Afirmar</u> que algo —un pensamiento, palabra u obra— es «equivocado» sería tanto como deciros que no lo pusierais en práctica. Deciros que no lo pusierais en práctica sería lo mismo que prohibíroslo. Prohibíroslo sería tanto como limitaros. Y limitaros equivaldría a negar la realidad de Quienes Realmente Sois, así como la posibilidad de que creéis y experimentéis esa verdad.

Hay quienes dicen que os he dado el libre albedrío, pero luego estos mismos afirman que, si no Me obedecéis, os enviaré al infierno. ¿Qué clase de libre albedrío es ese? ¿No constituye eso una burla hacia Dios: negar todo tipo de relación auténtica entre nosotros?

Bueno, aquí entramos en otro terreno del que también quería que habláramos, y es todo ese asunto del cielo y el infierno. Por lo que puedo deducir, no existe nada parecido al infierno.

El infierno existe, pero no es como vosotros pensáis, y no lo habéis experimentado por las razones que te he dado.

¿Qué es el infierno?

Es la experiencia del peor resultado posible de vuestras elecciones, decisiones y creaciones. Es la consecuencia natural de cualquier pensamiento que Me niegue, o niegue Quiénes Sois en relación a Mí.

Es el dolor que sufrís a causa de un pensamiento equivocado. Pero el término «pensamiento equivocado» tampoco es apropiado, ya que no existe nada que sea equivocado.

El infierno es lo opuesto a la alegría. Es la insatisfacción. Es saber Quiénes y Qué Sois, y fracasar a la hora de experimentarlo. Es ser menos. Eso es el infierno, y no hay ninguno mayor para vuestra alma.

Pero el infierno no existe como ese lugar que habéis imaginado, donde os quemáis en un fuego eterno, o como una forma de tormento perpetuo. ¿Qué podría pretender Yo con eso?

Incluso si Yo sostuviera la idea, extraordinariamente malvada, de que no os «merecíais» el cielo, ¿por qué habría de tener la necesidad de buscar algún tipo de venganza, o castigo, por vuestra falta? ¿No sería para Mí mucho más sencillo simplemente deshacerme de vosotros? ¿Qué vengativa parte de Mí necesitaría someteros a un sufrimiento eterno de un tipo y una intensidad más allá de cualquier descripción?

Si me contestas que la necesidad de justicia, ¿no sería suficientemente justo la simple negación de la comunión Conmigo en el cielo? ¿Hace falta también infligir un dolor sin fin?

Te digo que después de la muerte no hay ninguna experiencia semejante a la que habéis elaborado en vuestras teologías, basadas en el temor. Pero sí existe la experiencia del alma tan infeliz, tan incompleta, tan inferior al todo, tan separada de la inmensa alegría de Dios, que para vuestra alma eso sería el infierno. Pero deja que te diga que Yo no os envío ahí, ni tampoco soy la causa de que esa experiencia os aflija. Sois vosotros, vosotros mismos, quienes creáis esa experiencia, cada vez y en cada ocasión que alejáis vuestro Yo de vuestro pensamiento más alto sobre vosotros. Sois vosotros, vosotros mismos, quienes creáis la experiencia cada vez que rechazáis a vuestro Yo; cada vez que negáis Quiénes y Qué Sois Realmente.

Pero ni siquiera esta experiencia es eterna. No puede serlo, puesto que no forma parte de Mi plan que permanezcáis separados de Mí para siem-

pre. En realidad, una cosa así es una imposibilidad: para que algo así sucediera, no sólo _vosotros_ habríais de negar Quiénes Sois; también habría de hacerlo Yo. Y eso no lo haré nunca. Y mientras uno de nosotros mantenga la verdad acerca de vosotros, dicha verdad prevalecerá finalmente.

Pero si no hay infierno, ¿significa eso que puedo hacer lo que quiera, actuar como desee, realizar cualquier acción, sin temor a un castigo?

_¿Necesitas el _temor_ para poder ser, hacer y tener aquello que es intrínsecamente justo? ¿Necesitas sentirte _amenazado_ para «ser bueno»? ¿Y qué es «ser bueno»? ¿Quién tiene la última palabra respecto a eso? ¿Quién establece las pautas? ¿Quién hace las normas?_

_Déjame que te diga algo: cada uno de _vosotros_ es quien hace sus propias normas. Cada uno de vosotros establece las pautas. Y cada uno de vosotros decide si lo que ha hecho es bueno, si lo que hace es bueno; ya que cada uno de _vosotros_ es el único que ha decidido Quién y Qué Es Realmente, y Quién Quiere Ser. Y cada uno de _vosotros_ es el _único_ que puede establecer si lo que hace es bueno._

_Ningún otro os juzgará nunca, ya que ¿por qué, y cómo, podría Dios juzgar Su propia creación y decir que es mala? Si Yo quisiera que fuerais perfectos y obrarais siempre de manera perfecta, os habría dejado en el estado de total perfección del que procedéis. El fin último del proceso era que os descubrierais a vosotros mismos, que os _crearais_ a Vosotros mismos, tal como realmente sois, y como realmente deseáis ser. Pero no podíais serlo a menos que tuvierais también la posibilidad de _ser otra cosa distinta_._

¿Debo, entonces, castigaros por realizar una elección que Yo Mismo he puesto a vuestro alcance? Y si Yo no quisiera que dispusierais de esa segunda posibilidad, ¿para qué habría de crear otra que no fuera la primera?

Esta es la pregunta que debéis haceros antes de atribuirme el papel de un Dios que condena.

La respuesta directa a tu pregunta es que sí: puedes hacer lo que quieras sin temor al castigo. Sin embargo, puede resultarte útil ser consciente de las consecuencias.

_Las consecuencias son los resultados naturales. No tienen nada que ver con los castigos. Son simplemente resultados: lo que resulta de la aplicación natural de las leyes naturales; _lo que_ ocurre —de manera totalmente predecible— como consecuencia de lo que ha ocurrido._

Toda la vida física funciona según las leyes naturales. Cuando recordéis estas leyes, y las apliquéis, lograréis dominar la vida a nivel físico.

Lo que a vosotros os parece un castigo —o aquello a lo que llamaríais el mal, o la mala fortuna—, no es sino una ley natural manifestándose por sí misma.

Entonces, si conociera estas leyes, y las obedeciera, nunca más volvería a tener un momento de turbación. ¿Es eso lo que me estás diciendo?

Nunca te experimentarías a Ti mismo en un estado de eso que llamas «turbación». No considerarías ninguna situación de la vida como un problema. No afrontarías ninguna situación con inquietud. Pondrías fin a cualquier clase de preocupación, duda o temor. Vivirías tal como imagináis que vivían Adán y Eva: no como espíritus desencarnados en el reino de lo absoluto, sino como espíritus encarnados en el reino de lo relativo. Pero gozarías de toda la libertad, de toda la alegría, de toda la paz y de toda la sabiduría, el conocimiento y la fuerza del Espíritu que eres. Serías un ser plenamente realizado.

Este es el objetivo de vuestra alma. Este es su propósito: realizarse plenamente ella misma a través del cuerpo; llegar a ser la <u>encarnación</u> de todo lo que realmente es.

Este es Mi plan para vosotros. Este es Mi ideal: lo que Yo debo llegar a realizar por medio de vosotros. Es así, convirtiendo el concepto en experiencia, como Yo puedo conocerme a Mí mismo <u>experimentalmente</u>.

Las Leyes del Universo son leyes que Yo he establecido. Son leyes perfectas, que crean una función perfecta de lo físico.

¿Has visto alguna vez algo más perfecto que un copo de nieve? Su complejidad, su dibujo, su simetría, su identidad consigo mismo y su originalidad respecto a todo lo demás: todo es un misterio. Os asombráis ante el milagro de esta imponente manifestación de la naturaleza. Pero si puedo hacer esto con un simple copo de nieve, ¿qué crees que puedo hacer —que <u>he hecho</u>— con el universo?

Aunque vierais su simetría, la perfección de su diseño —desde el cuerpo más grande a la partícula más pequeña—, no seríais capaces de mantener esa verdad en vuestra realidad. Ni siquiera ahora, que empezáis a vislumbrar algo de él, podéis imaginar o entender sus interrelaciones. Pero podéis saber que <u>existen</u> dichas interrelaciones: mucho más complejas y mucho más extraordinarias de lo que vuestra comprensión actual puede *abarcar. Vuestro Shakespeare lo expresó maravillosamente: «¡Hay más cosas en el cielo y en la tierra, Horacio, de las que ha soñado tu filosofía!»*

¿Cómo puedo, entonces, conocer esas leyes? ¿Cómo puedo aprenderlas?

No se trata de aprender, sino de recordar.

¿Cómo puedo recordarlas?

Empieza por quedarte en silencio. Silencia el mundo exterior, de modo que puedas ver el mundo interior. Esta <u>visión interior</u> es lo que buscas, pero no podrás acceder a ella mientras estés tan profundamente preocupado por tu realidad externa. Trata, pues, de mirar hacia adentro lo máximo que puedas. Cuando no miras hacia adentro, es que miras hacia afuera en la medida en que te ocupas del mundo exterior. Recuerda este axioma:
<u>*Si no miras hacia adentro, es que miras hacia afuera.*</u>
Ponlo en primera persona cuando te lo repitas a ti mismo, para hacerlo más personal:

Si no
miro hacia adentro
es que
<u>*miro hacia afuera*</u>

Has estado mirando hacia afuera durante toda tu vida. Pero no tienes, ni tuviste nunca, por qué hacerlo.
No hay nada que no puedas ser, nada que no puedas hacer. No hay nada que no puedas tener.

Eso suena como prometer la luna.

¿Y qué otra clase de promesa podría hacer Dios? ¿Me creerías si te prometiera menos?
Durante miles de años, la gente se ha mostrado incrédula ante las promesas de Dios por la más extraordinaria de las razones: eran demasiado buenas para ser verdad. Así, habéis elegido una promesa menor, un amor menor; ya que la más alta promesa de Dios proviene del más alto amor.

Sin embargo, no podéis concebir un amor perfecto, y, en consecuencia, una promesa perfecta resulta asimismo inconcebible. Como una persona perfecta. Así, no podéis creer ni siquiera en Vosotros mismos.

No creer en alguna de estas cosas significa no creer en Dios; ya que la creencia en Dios genera la creencia en el mayor don de Dios —el amor incondicional— y en la mayor promesa de Dios —un potencial ilimitado—.

¿Puedo interrumpirte un momento? Lamento interrumpir a Dios en medio del discurso... pero ya he oído hablar antes del potencial ilimitado, y éste no cuadra con la experiencia humana. ¿Olvidas las dificultades con las que se encuentra el hombre común? ¿Y qué decir de los que nacen con limitaciones físicas o mentales? ¿Es ilimitado *su* potencial?

Lo habéis escrito en vuestras propias Escrituras; de muchas maneras y en muchos lugares.

Dame una referencia.

Mira lo que habéis escrito en el Génesis, capítulo 11, versículo 6, de vuestra Biblia.

Dice: «... y dijo Yahveh: "He aquí que todos son un solo pueblo con un mismo lenguaje, y este es el comienzo de su obra. Ahora nada de cuanto se propongan les será imposible..."».

Sí. ¿Lo crees?

Eso no responde a la pregunta sobre los débiles, los enfermos, los discapacitados; sobre aquellos que se ven limitados.

¿Piensas que no se ven limitados, como tú dices, por su propia elección? ¿Imaginas que el alma humana se encuentra con las pruebas que le plantea la vida —cualesquiera que éstas sean— por accidente? ¿Es eso lo que crees?

¿Quieres decir que el alma elige por adelantado qué clase de vida experimentará?

No; eso frustraría el _propósito_ del encuentro. El propósito es _crear_ vuestra experiencia —y, por lo tanto, crearos a _Vosotros_ mismos— en el glorioso momento del Ahora. En consecuencia, no elegís la vida que experimentaréis por adelantado.

Podéis, no obstante, seleccionar las personas, lugares y acontecimientos —las condiciones y circunstancias, los desafíos y obstáculos, las oportunidades y opciones— con las que crear _vuestra experiencia_. Podéis seleccionar los colores de vuestra paleta, las herramientas de vuestra caja, la maquinaria de vuestro taller. Lo que creéis con ello es asunto vuestro. _Es_ el asunto de la vida.

Vuestro potencial es _ilimitado_ en todo lo que habéis elegido hacer. No supongas que un alma que se ha encarnado en un cuerpo al que llamáis limitado no ha alcanzado su pleno potencial, ya que no sabes qué es lo que esa alma está _intentando hacer_. No conoces su proyecto. No estás seguro de cuál es su _intención_.

Bendice, pues, a toda _persona y condición_, y da gracias. De este modo, afirmarás la perfección de la creación de Dios, y mostrarás vuestra fe en ella, puesto que en el mundo de Dios nada ocurre por accidente y no existe nada parecido a la casualidad. Ni tampoco el mundo está a merced de los avatares del azar, o de eso que llamáis destino.

Si un copo de nieve es tan sumamente perfecto en su diseño, ¿no crees que puede decirse lo mismo de algo tan magnífico como vuestra vida?

Pero el propio Jesús curaba a los enfermos. ¿Por qué habría de curarles si su condición era tan «perfecta»?

Jesús no curaba a quienes curaba porque viera que su condición fuera imperfecta. Los curaba porque veía que sus almas pedían la curación como una parte de su proceso. Veía la perfección del proceso. Reconocía y entendía la intención del alma. Si Jesús hubiera pensado que toda enfermedad, mental o física, constituía una imperfección, ¿no habría curado simplemente, y de una vez por todas, a todos los habitantes del planeta? ¿Acaso dudas de que pudiera hacerlo?

No. Creo que podía hacerlo.

Bien. Entonces la mente quiere saber: ¿por qué no lo hizo?, ¿por qué Cristo habría de decidir que unos sufrieran y otros se curaran? Y, en el mismo sentido, ¿por qué Dios permite cualquier sufrimiento en cualquier *momento? Esta pregunta ya se ha planteado antes, y la respuesta sigue siendo la misma. La perfección está en el proceso, y toda vida surge de una* <u>*decisión.*</u> *No resulta apropiado interferir en tal decisión, ni cuestionarla. Y resulta particularmente inapropiado condenarla.*

Lo que sí resulta apropiado es observarla, y hacer todo lo posible para ayudar a esa alma a buscar y realizar su <u>*más alta decisión*</u>*. Estáte atento, pues, a las decisiones de los demás, pero no seas crítico con ellas. Debes saber que sus decisiones son perfectas para ellos en ese momento, pero estar dispuesto a ayudarles si llegara el momento en el que buscaran una decisión nueva y diferente, una decisión más alta.*

Entra en comunión con las almas de los demás, y su propósito, su intención, resultarán claros para ti. Esto es lo que hizo Jesús con aquellos a los que curó, y con todos aquellos con quienes compartió su vida. Jesús curó a todos los que acudieron a él o enviaron a otros para suplicarle en su nombre. No realizó las curaciones al azar. Hacerlo así habría significado violar una Ley del Universo sagrada:
<u>*Deja que cada alma siga su camino.*</u>

¿Significa eso que no debemos ayudar a nadie si no nos los pide? Supongo que no, pues en ese caso nunca podríamos ayudar a los niños que mueren de hambre en la India, a las masas torturadas de África, a los pobres o a los oprimidos de cualquier parte. El esfuerzo humanitario desaparecería, la caridad se prohibiría. ¿Hemos de esperar a que un individuo nos lo pida a gritos desesperado, o a que toda una nación nos suplique ayuda, para permitirnos hacer algo que es a todas luces correcto?

Fíjate que la pregunta se contesta sola. Si algo es a todas luces correcto, hazlo. Pero recuerda ser extremadamente crítico respecto a lo que llamáis «correcto» o «equivocado».
<u>*Algo resulta correcto o equivocado sólo porque decís que lo es. No es*</u>
<u>*intrínsecamente correcto o equivocado.*</u>

¿No?

La cualidad de «correcto» o «equivocado» no es una condición intrínseca, sino un juicio subjetivo es un sistema personal de valores. Mediante vuestros juicios subjetivos os creáis a Vosotros mismos; por medio de vuestros valores personales determináis y demostráis Quiénes Sois.

El mundo existe exactamente tal como es a fin de que podáis formular dichos juicios. Si el mundo existiera en condiciones perfectas, vuestro proceso de Autocreación terminaría. Habría concluido. La profesión de abogado se acabaría en cuanto ya no hubiera más litigios. La profesión de médico se acabaría en cuanto ya no hubiera enfermedad. La profesión de filósofo se acabaría en cuanto ya no hubiera preguntas.

¡Y *la profesión de Dios* se acabaría en cuanto ya no hubiera problemas!

Exactamente. Lo has expresado a la perfección. Nosotros, ambos, habríamos terminado de crear en cuanto ya no hubiera nada que crear. Nosotros, ambos, estamos interesados en que el juego siga. Por más que digamos que queremos resolver todos los problemas, no nos atrevemos a resolver todos los problemas, pues en ese caso no nos quedaría nada que hacer.

Vuestra estructura industrial-militar lo entiende muy bien. Y por eso se opone con todas sus fuerzas a cualquier intento de instaurar un gobierno de paz perpetua en cualquier parte.

También vuestro estamento médico lo entiende. Y por eso se opone firmemente —tiene que hacerlo, por su propia supervivencia— a cualquier nuevo fármaco o cura milagrosos; por no hablar de la posibilidad de los propios milagros.

Vuestra comunidad religiosa también lo tiene claro. Y por eso ataca constantemente cualquier definición de Dios que no incluya el temor, el juicio y el premio o el castigo, así como cualquier definición de Uno mismo que no incluya su propia idea del único camino hacia Dios.

Si Yo os digo que vosotros sois Dios, ¿dónde queda la religión? Si Yo os digo que estáis curados, ¿dónde quedan la ciencia y la medicina? Si Yo os digo que podéis vivir en paz, ¿dónde quedan los pacificadores? Si Yo os digo que el mundo está «reparado», ¿dónde queda el mundo?

¿Y qué sería de los fontaneros? El mundo se compone esencialmente de dos tipos de personas: quienes te dan lo que quieres, y quienes reparan las cosas. En cierto sentido, incluso aquellos que simplemente te dan lo que quieres —los carniceros, los panaderos, los cereros— son también «reparadores», puesto que desear algo a menudo equivale a necesitarlo. Y satisfacer esa necesidad constituye una «reparación».

¿Estás diciendo que el mundo tendrá siempre problemas? ¿Estás diciendo que realmente *quieres que sea así*?

Estoy diciendo que el mundo existe tal como es —igual que un copo de nieve existe tal como es— por voluntad de alguien. Vosotros lo habéis creado de ese modo, del mismo modo que habéis creado vuestra vida exactamente como es.

Yo quiero lo que vosotros queráis. El día en que realmente queráis acabar con el hambre, dejará de haber hambre. Os he dado todos los recursos necesarios para hacerlo. Disponéis de todas las herramientas para llevar a cabo esa decisión. No lo habéis hecho. Y no porque no podáis: mañana mismo podría terminar el hambre en el mundo. Pero habéis decidido no hacerlo.

Pretendéis que hay buenas razones por las que 40.000 personas deben morir diariamente de hambre. No las hay. Pero al mismo tiempo que decís que no podéis hacer nada para que dejen de morir de hambre 40.000 personas diarias, traéis al mundo a 50.000 personas cada día, a una nueva vida. Y a eso lo llamáis amor. Y a eso lo llamáis el plan de Dios. Se trata de un plan que carece absolutamente de toda lógica o razón, por no hablar de la compasión.

En resumidas cuentas, te estoy demostrando que el mundo existe tal como es porque vosotros lo habéis decidido. Estáis destruyendo sistemáticamente vuestro propio medio ambiente, y luego consideráis los llamados desastres naturales como una evidencia de una broma cruel de Dios, o de la violencia de la naturaleza. Sois vosotros mismos quienes os habéis gastado esa broma, y sois vosotros los crueles.

Nada, nada en absoluto, es más amable que la naturaleza. Y nada, nada en absoluto, ha sido más cruel con la naturaleza que el hombre. Pero eludís cualquier compromiso, negáis toda responsabilidad. No es culpa vuestra, decís, y en eso tenéis razón. No es una cuestión de culpa, sino de decisión.

Podéis decidir poner fin a la destrucción de vuestras selvas mañana mismo. Podéis decidir que se detenga la reducción de la capa de ozono que cubre vuestro planeta. Podéis decidir suspender el continuo ataque a vuestro ingenioso ecosistema terrestre. Podéis tratar de formar de nuevo el copo de nieve —o al menos detener su inexorable fusión—; pero ¿lo haréis?

Del mismo modo, mañana mismo podéis poner fin a todas las guerras. Sencillamente, fácilmente. Lo único que hace falta —lo único que siempre ha hecho falta— es que os pongáis de acuerdo. Pero si vosotros no os podéis poner de acuerdo en algo tan sencillo como acabar con el asesinato del otro, ¿cómo pedís al cielo, agitando los puños, que ponga vuestra vida en orden?

Yo no haré nada por vosotros que vosotros no hagáis por vosotros mismos. Esa es la ley y los profetas.

El mundo es como es por causa vuestra, y de las decisiones que habéis tomado; o dejado de tomar.

(No decidir también es decidir.)

La Tierra es como es por causa vuestra, y de las decisiones que habéis tomado; o dejado de tomar.

Vuestra propia vida es como es por causa vuestra, y de las decisiones que habéis tomado; o dejado de tomar.

¡Pero yo no he decidido ser atropellado por un camión! ¡Yo no he decidido ser atracado por un ladrón, o violado por un maníaco! La gente podría decir eso. Hay gente en el mundo que podría decir eso.

Todos vosotros provocáis, originalmente, las condiciones que crean en el ladrón el deseo, o la necesidad percibida, de robar. Todos vosotros habéis creado la conciencia que hace posible la violación. Cuando veáis en vosotros mismos la causa del crimen empezaréis, por fin, a poner remedio a las condiciones de las que ha surgido.

Alimentad a vuestros hambrientos. Restituid la dignidad a vuestros pobres. Dad una oportunidad a los menos afortunados. Poned fin a los prejuicios que mantienen a las masas amontonadas y enfurecidas, con pocas esperanzas de un mañana mejor. Desterrad los absurdos tabúes y restricciones que afectan a la energía sexual; o, mejor aún, ayudad a los demás a entender realmente ese prodigio y a canalizarlo correctamente. Haced esto y habréis avanzado un largo trecho hacia la desaparición definitiva del robo y la violación.

En cuanto al llamado «accidente» —el camión que surge en una curva, el ladrillo que cae del cielo—, aprended a saludar a cada uno de estos incidentes como una pequeña parte de un mosaico mayor. Habéis venido aquí para encontrar un plan individual encaminado a vuestra propia salvación. Pero salvación no significa salvaros de las trampas del diablo. No hay nada parecido al diablo, y el infierno no existe. De lo que os salváis es del olvido de la no-realización.

No podéis perder esta batalla. No podéis fracasar. Así, no se trata en absoluto de una batalla, sino simplemente de un proceso. Pero si no lo sabéis, lo veréis como una constante lucha. Podéis incluso creer en la lucha lo suficiente como para crear toda una religión en torno a ella. Esta religión enseñará que el fin de todo es la lucha. Pero se trata de una ense-

ñanza falsa. No es a través de la lucha como se desarrolla el proceso. Y la victoria se consigue mediante la rendición.

Los accidentes ocurren porque ocurren. Ciertos elementos del proceso vital se han dado al mismo tiempo, de una cierta manera y en un determinado momento, con unos determinados resultados, resultados que decidís calificar de desafortunados por vuestras propias razones particulares. Pero es posible que, en relación al proyecto de vuestra alma, no lo sean en absoluto.

Déjame que te diga algo: no hay ninguna coincidencia, y nada sucede «por accidente». Cada acontecimiento y aventura es convocado a Vosotros por Vosotros mismos, con el fin de que podáis crear y experimentar Quiénes Sois Realmente. Todos los auténticos Maestros lo saben. He ahí por qué los Maestros místicos permanecen imperturbables frente a las peores experiencias de la vida (tal como vosotros las llamaríais).

Los grandes profesores de vuestra religión cristiana lo entienden muy bien. Saben que a Jesús no le inquietaba la crucifixión, aunque la esperaba. Podía haberse marchado, pero no lo hizo. Podía haber detenido el proceso en cualquier momento. Tenía el poder para hacerlo. Pero no lo hizo. Permitió que le crucificaran con el fin de poder demostrar la salvación eterna del hombre. «Mirad —dijo— lo que puedo hacer. Mirad qué es lo verdadero. Y sabed que todo esto, y más, también lo haréis vosotros. ¿No os he dicho que sois dioses? Sin embargo, no lo creéis. Entonces, si no podéis creer en vosotros mismos, creed en mí.»

Tal fue la compasión de Jesús, que buscó —y creó— la manera de causar en el mundo tan fuerte impacto que todos pudieran alcanzar el cielo (la Auto-realización), si no de otro modo, por mediación de él; puesto que derrotó a la miseria y a la muerte. Igual que podéis hacer vosotros.

La más magnífica enseñanza de Cristo no fue que tendréis vida eterna, sino que ya la tenéis; no fue que seréis hermanos en Dios, sino que ya lo sois; no fue que tendréis todo lo que pidáis, sino que ya lo tenéis.

Lo único que hace falta es que lo sepáis, ya que sois los creadores de vuestra realidad, y la vida no os puede descubrir otro camino que el que vosotros penséis.

Vosotros penséis que es así. Este es el primer paso en la creación. Dios Padre es pensamiento. Vuestro pensamiento es el progenitor que da origen a todas las cosas.

Esta es una de las leyes que hemos de recordar.

Sí.

¿Puedes mencionarme otras?

Ya os las he mencionado. Os he hablado de todas ellas desde el principio de los tiempos. Os he hablado de ellas una y otra vez. Os he enviado a un maestro tras otro. Pero no escucháis a mis maestros: los matáis.

Pero ¿por qué? ¿Por qué matamos a los más santos de nosotros? Los matamos o los deshonramos, que viene a ser lo mismo. ¿Por qué?

Porque se alzan frente a cualquier pensamiento vuestro que Me niegue. Y para negaros a Vosotros mismos debéis negarme a Mí.

¿Por qué querría negarte a Ti, o negarme a mí?

Porque tenéis miedo. Y porque mis promesas son demasiado buenas para ser verdad. Porque no podéis aceptar la más magnífica Verdad. Y así, debéis reduciros a vosotros mismos a una espiritualidad que enseña el temor, la dependencia y la intolerancia, en lugar del amor, el poder y la aceptación.

Estáis <u>llenos</u> de temor; y vuestro mayor temor es que Mi mayor promesa pueda ser la mayor mentira de la vida. Así, creáis la mayor fantasía posible para defenderos de ello: afirmáis que cualquier promesa que os otorgue el poder —y os garantice el amor— de Dios debe ser una <u>falsa promesa del diablo</u>. Dios nunca haría una promesa semejante —os decís a vosotros mismos—; sólo el diablo, para tentaros, negando la verdadera identidad de Dios como el más terrible, justiciero, celoso, vengativo y castigador de todos los seres.

Aunque esta descripción encaja mejor con la definición del diablo (si lo <u>hubiera</u>), habéis atribuido estos <u>rasgos diabólicos a Dios,</u> con el fin de convenceros a vosotros mismos de que no habéis de aceptar las promesas divinas de vuestro Creador, o las cualidades divinas del Yo.

Tal es el poder del temor.

Estoy tratando de alejar de mí el temor. ¿Seguirás hablándome de más leyes?

La Primera Ley es que podéis ser, hacer y tener cualquier cosa que seáis capaces de imaginar. La Segunda Ley es que atraéis sobre vosotros aquello que teméis.

¿Y eso por qué?

La emoción es la fuerza que atrae. Aquello que más temas es lo que experimentarás. Un animal —que vosotros consideráis una forma inferior de vida (aunque los animales actúan con más integridad y mayor coherencia que los humanos)— sabe inmediatamente si tienes miedo de él. Las plantas —a las que consideráis una forma de vida todavía inferior a los animales— responden a las personas que las aman mucho mejor que a aquellas a quienes les traen sin cuidado.

Nada de esto ocurre por casualidad. No existe la casualidad en el universo: sólo un magnífico diseño, un increíble «copo de nieve».

La emoción es energía en movimiento. Cuando se mueve energía, se crea un efecto. Si se mueve la energía suficiente, se crea materia. La materia es energía condensada, comprimida. Si se manipula la suficiente energía de una determinada manera, se obtiene materia. Todos los Maestros entienden esta ley. Esta es la alquimia del universo. Este es el secreto de toda la vida.

El pensamiento es energía pura. Cualquier pensamiento que tengáis, hayáis tenido o vayáis a tener es creador. La energía de vuestro pensamiento nunca muere. Nunca. Abandona vuestro ser y se dirige al universo, expandiéndose por siempre. Un pensamiento es para siempre.

Todo pensamiento se coagula; todo pensamiento choca con otros pensamientos, entrecruzándose en un extraordinario laberinto de energía, formando una estructura en continuo cambio de indescriptible belleza e increíble complejidad.

La energía atrae a la energía semejante, formando (por utilizar un término sencillo) «grupos» de energía del mismo tipo. Cuando un número suficiente de «grupos» similares se entrecruzan con otros —chocan con otros—, entonces «se adhieren» unos a otros (por utilizar de nuevo un término sencillo). Se requiere la «adhesión» de una cantidad de energía de una magnitud inimaginable para formar la materia. Pero la materia se formará a partir de energía pura. En realidad, sólo se puede formar de este modo. Una vez la energía se ha convertido en materia, sigue siendo materia durante mucho tiempo, a menos que su construcción se vea alterada por una forma de energía opuesta, o distinta. Esta energía distinta, actuando sobre la materia, en realidad la desmembra, liberando la energía originaria de la que se compone.

Esta es, en términos elementales, la teoría que subyace a vuestra bomba atómica. Einstein estuvo mucho más cerca que cualquier otro ser humano —anterior o posterior— de descubrir, explicar y utilizar el secreto creador el universo.

Ahora entenderás mejor cómo la gente de <u>mente semejante</u> puede unir sus esfuerzos para crear una realidad favorable. La frase «dondequiera que dos o más se reúnan en mi nombre» adquiere así un sentido mucho mayor.

Por supuesto, cuando <u>sociedades</u> enteras piensan de una determinada manera, ocurren muy a menudo cosas asombrosas, no todas necesariamente deseables. Por ejemplo, una sociedad que viva en el temor, muy a menudo —realmente, <u>inevitablemente</u>— produce aquello que más teme.

Del mismo modo, grandes comunidades o congregaciones con frecuencia encuentran el poder de producir milagros en su pensamiento combinado (o lo que algunos llaman la oración común).

Y debe quedar claro que incluso los individuos —si su pensamiento (oración, esperanza, deseo, sueño, temor) es extraordinariamente fuerte— pueden, en y por sí mismos, producir tales resultados. Jesús lo hizo regularmente. Él sabía cómo manipular la energía y la materia, cómo reorganizarla, cómo redistribuirla, cómo controlarla totalmente. Muchos Maestros lo han sabido. Muchos lo saben.

<u>Tú</u> puedes saberlo. Ahora mismo.

Esta es la ciencia del bien y del mal de la que participaron Adán y Eva. En tanto no supieron esto, no podía existir la vida <u>tal como la conocéis</u>. Adán y Eva —los nombres míticos con los que habéis representado al Primer Hombre y la Primera Mujer— fueron el Padre y la Madre de la experiencia humana.

Lo que se ha descrito como la caída de Adán fue en realidad su elevación, el mayor acontecimiento en la historia de la humanidad; ya que, sin él, el mundo de la relatividad no existiría. El acto de Adán y Eva no fue el pecado original, sino —en realidad— la primera bendición. Debes agradecérselo desde el fondo de tu corazón, puesto que, al ser los primeros que tomaron una decisión «equivocada», Adán y Eva <u>produjeron la posibilidad</u> de tomar <u>cualquier tipo de decisión</u>.

En vuestra mitología, habéis hecho de Eva una mujer «mala»: la tentadora que comió del fruto, la ciencia del bien y del mal, y que tímidamente invitó a Adán a unirse a ella. Esta base mitológica os ha permitido considerar, desde entonces, a la mujer como la «caída» del hombre, resultando de ello todo tipo de realidades pervertidas; por no hablar de los criterios distorsionados y confusiones relativas al sexo. (¿Cómo os parece tan _bien_ algo que es tan _malo_?)

Lo que más teméis es lo que más os atormentará. El temor lo atraerá hacia _vosotros_ como un imán. Todas vuestras escrituras sagradas —o cualquier tipo de creencia y tradición religiosa que habéis creado— contienen esta clara advertencia: no temáis. ¿Crees que es por casualidad?

Las Leyes son muy sencillas.

1. El pensamiento es creador.
2. El temor atrae a la energía semejante.
3. El amor es todo lo que hay.

¡Eh! ¡Me has cogido con la tercera! ¿Cómo puede ser el amor todo lo que hay si el temor atrae a la energía semejante?

El amor es la realidad última. Es lo único. Lo es todo. El sentimiento del amor es vuestra experiencia de Dios.

Al nivel de la más alta Verdad, el amor es todo lo que hay, todo lo que ha habido y todo lo que habrá. Cuando penetras en lo absoluto, penetras en el amor.

La esfera de lo relativo fue creada con el fin de Yo pudiera experimentarme a Mí Mismo. Ya te lo he explicado. Pero eso no hace que la esfera de lo relativo sea _real_. Es una _realidad creada_ que vosotros y Yo hemos inventado y seguimos inventando, con el fin de poder conocernos experiencialmente.

Sin embargo, la creación puede parecer muy real. Su _objetivo_ es que parezca tan real que admitamos que verdaderamente existe. De este modo, Dios ha logrado crear «algo distinto» de Sí mismo (aunque estrictamente eso es imposible, puesto que Dios es —Yo Soy— Todo lo Que Existe).

Al crear «algo distinto» —a saber, la esfera de lo relativo—, he producido un medio en el que vosotros podéis _decidir_ ser Dios, en lugar de deciros simplemente que sois Dios; en el que podéis experimentar la Divinidad como un acto de creación, más que como un concepto; en el que la pequeña vela en el sol —la pequeña alma— puede conocerse a sí misma como luz.

El temor es el _otro extremo_ del amor. Es la _polaridad primordial_. Al crear la esfera de lo relativo, en primer lugar creé lo opuesto a Mí Mismo. Ahora bien, en la esfera en la que vivís en el plano físico hay únicamente *dos lugares del ser*: el temor y el amor. Los pensamientos arraigados en el temor producirán un tipo de manifestación en el plano físico; los pensamientos arraigados en el amor producirán otro.

Los Maestros que han pasado por el planeta son aquellos que han descubierto el secreto del mundo relativo, negándose a reconocer su realidad. En resumen, *Los Maestros son aquellos que han elegido sólo el amor. En cualquier caso. En cualquier momento. En cualquier circunstancia.* Aunque fueran asesinados, amaban a sus asesinos. Aunque fueran perseguidos, amaban a sus opresores.

A vosotros esto os resulta muy difícil de entender; y mucho más de imitar. No obstante, eso es lo que *han hecho siempre todos los Maestros.* No importa de qué filosofía, ni de qué tradición, ni de qué religión: *es lo que han hecho todos los Maestros.*

Este ejemplo y esta lección se os han manifestado de manera muy clara. Una y otra vez, siempre se os han mostrado. En todo tiempo y en cualquier lugar. Durante todas vuestras vidas y en cada momento. El universo se las ha ingeniado para poner esta Verdad delante de vosotros. En canciones y relatos, en poemas y bailes, en palabras y en movimientos; en imágenes en movimiento —que vosotros llamáis «películas»— y en colecciones de palabras —que vosotros llamáis «libros»—.

Su grito se ha oído desde la más alta montaña; su rumor se ha escuchado en el lugar más recóndito. *El eco de esta verdad ha atravesado los pasillos de toda experiencia humana:* el Amor es la respuesta. *Pero no la habéis escuchado.*

Ahora acudes a este libro, preguntándole a Dios de nuevo lo que Dios os ha dicho incontables veces de incontables formas. Pero os lo diré otra vez, aquí, en el contexto de este libro. ¿Me escucharéis ahora? ¿Realmente me vais a oír?

¿Qué crees que te ha acercado a este material? ¿Cómo es que se halla en tus manos? ¿Acaso piensas que no sé lo que hago?

En el universo no existen las casualidades.

He oído el grito de tu corazón. He visto la búsqueda de tu alma. Sé cuán profundamente has deseado la Verdad. En tu sufrimiento, como en tu alegría, has clamado por ella. Me has suplicado interminablemente. *Muéstramela. Explícamela.* Revélamela.

Y eso estoy haciendo ahora, en términos tan claros que no puedas dejar de entenderme. En un lenguaje tan sencillo que no puedas con-

fundirte. En un vocabulario tan común que no puedas perderte en la verborrea.

Sigamos, pues, adelante. Pregúntame cualquier cosa. *Cualquier cosa.* Me las ingeniaré para conducirte a la respuesta. Utilizaré al universo entero para hacerlo. Estáte, pues, atento. Este libro está lejos de ser mi única herramienta. Formula una pregunta; luego deja este libro. Mas observa. Escucha. Las palabras de la próxima canción que oigas. La información del siguiente artículo que leas. El argumento de la siguiente película que vayas a ver. Las palabras que cruces casualmente con la próxima persona que te encuentres. O el murmullo del próximo río, el próximo océano, la próxima brisa que acaricie tu oído. *Todos estos recursos* son Míos; todos estos caminos están abiertos para Mí. Te hablaré si Me escuchas. Vendré a ti si Me invitas. Te mostraré entonces que siempre he estado ahí. *En todas partes.*

2

*«Me enseñarás el camino de la vida,
hartura de goces, delante de tu rostro,
a tu derecha, delicias para siempre.»*

(Salmos, 16, 11)

He buscado el camino hacia Dios toda mi vida...

Sé que lo has hecho.

... y ahora lo he encontrado, y no puedo creerlo. Me parece estar aquí sentado, escribiéndome a mí mismo.

Es lo que estás haciendo.

Pero no creo que sea eso lo que debería parecerme una comunicación con Dios.

¿Quieres clarines y trompetas? Veré qué puedo hacer.

¿Sabes?, habrá quienes digan que todo este libro no es más que una blasfemia. Especialmente si sigues haciéndote el gracioso.

Deja que te explique algo. Tenéis la idea de que Dios sólo se muestra de una única manera. Esa es una idea muy peligrosa.
Eso os impide ver a Dios en todas partes. Si crees que a Dios se le ve y se le oye sólo de una manera, o es sólo de una manera, Me mirarás sin

verme día y noche. Te pasaréis toda la vida buscando a Dios, y no le encontrarás; precisamente porque estarás buscando a <u>alguien</u>. Lo pongo como un ejemplo.

<u>Se ha dicho que, si uno no ve a Dios en lo profano y en lo profundo, se está perdiendo la mitad de la historia. Es una gran Verdad.</u>

Dios está en la tristeza y en la carcajada, en lo amargo y en lo dulce. Detrás de cada cosa se oculta un propósito divino; y, por lo tanto, <u>en</u> cada cosa se halla la presencia divina.

Una vez empecé a escribir un libro titulado *Dios es un bocadillo de salami*.

Habría sido un buen libro. Yo te <u>di</u> esa inspiración. ¿Por qué no lo escribiste?

Me pareció una blasfemia. O, cuando menos, una horrible irreverencia.

¡Querrás decir una <u>maravillosa</u> irreverencia! ¿De dónde has sacado la idea de que Dios es sólo «reverente»? Dios es lo alto y lo bajo. Lo caliente y lo frío. La izquierda y la derecha. ¡Lo reverente y lo irreverente!

¿Acaso piensas que Dios no ríe? ¿Imaginas que Dios no disfruta con una buena broma? ¿Creéis que Dios carece de sentido del humor? Deja que te diga algo: Dios <u>inventó</u> el humor.

¿Debes hablarme en un tono circunspecto cuando te dirijas a Mí? ¿Se hallan fuera de mi comprensión los términos fuertes o la jerga? Te aseguro que puedes hablarme como hablarías con tu mejor amigo.

¿Crees que hay alguna palabra que Yo no haya oído?, ¿una visión que no haya visto?, ¿un sonido que no conozca?

¿Crees acaso que desprecio algunos de ellos, mientras que gusto de los otros?

<u>Te aseguro que no desprecio nada. Nada de ello resulta repulsivo para Mí.</u> Eso es la <u>vida</u>, y <u>la vida es el don</u>; el tesoro inenarrable; lo más sagrado de todo.

Yo soy la vida, puesto que Yo soy la sustancia que <u>constituye</u> la vida. Cada uno de sus aspectos tiene un propósito divino. No existe nada, <u>absolutamente nada</u>, sin una razón conocida y aprobada por Dios.

¿Cómo puede ser eso? ¿Y qué hay del mal que ha creado el hombre?

*No podéis crear nada —ni un pensamiento, ni un objeto, ni un acon-
tecimiento, ninguna experiencia de <u>ninguna clase</u>— que no sea el resultado del plan de Dios; puesto que el plan de Dios respecto a vosotros es
que <u>creéis cualquier cosa —todo aquello— que queráis</u>. En esta libertad
reside la experiencia de Dios como siendo Dios, y esta es la experiencia
<u>para la que Yo os he creado a Vosotros</u>. Y a la propia vida.*

*El mal es aquello a lo que vosotros <u>llamáis</u> mal. Pero incluso eso es de
mi agrado, puesto que sólo a través de eso que llamáis mal podéis conocer el
bien; sólo a través de eso que llamáis obra del demonio podéis conocer y hacer la obra de Dios. Yo no amo más lo caliente que lo frío, lo alto que lo bajo,
la izquierda que la derecha. <u>Todo es relativo</u>. Todo forma parte de <u>lo que es</u>.*

*Yo no amo más lo «bueno» que lo «malo». <u>Hitler fue al cielo</u>. Cuan-
do entiendas esto, entenderás a Dios.*

Sin embargo, me han enseñado a creer que el bien y el mal existen;
que lo correcto y lo equivocado son términos opuestos; que algunas cosas no están bien, no resultan aceptables a los ojos de Dios.

*Todo resulta «aceptable» a los ojos de Dios, ya que ¿cómo puede Dios
no aceptar algo que es? Rechazar algo significa negar que existe. Decir que
algo no está bien significa afirmar que no forma parte de Mí; y eso es imposible.*

*Sin embargo, sed fieles a vuestras creencias, y mantened como ciertos
vuestros valores, ya que se trata de los valores de vuestros padres, y de los
padres de vuestros padres, de vuestros amigos y de vuestra sociedad. Éstos
forman la estructura de vuestra vida, y perderlos equivaldría a deshacer el
tejido que constituye vuestra experiencia. No obstante, examinadlos uno
por uno. Revisadlos pieza por pieza. No deshagáis la casa, pero observad
cada uno de los ladrillos, y reemplazad los que veáis que están rotos y no
pueden soportar ya la estructura.*

*Vuestras ideas respecto a lo correcto y lo equivocado son sólo eso: ide-
as. Son pensamientos que constituyen la forma y crean la sustancia de
Quienes Sois. Sólo habría una razón para cambiar alguna de ellas; sólo un
propósito para alterarlas: si no sois felices siendo Quienes Sois.*

*Únicamente vosotros podéis saber si sois felices. Sólo vosotros podéis
decir de vuestra vida: «Esta es mi creación (mi hijo), en la que me com-
plazco».*

*Si vuestros valores os sirven, mantenedlos. Argumentad a su favor.
Luchad para defenderlos.*

Pero procurad luchar de manera que no hagáis daño a nadie. El daño no es un ingrediente necesario en la receta.

Dices «sed fieles a vuestros valores» y, al mismo tiempo, que todos nuestros valores son equivocados. Ayúdame a entenderlo.

Yo no he dicho que vuestros valores sean equivocados. Pero tampoco que sean correctos. Son simplemente juicios. Afirmaciones. Decisiones. En su mayor parte, se trata de decisiones que no habéis tomado cada uno de vosotros, sino algún otro. Quizá vuestros padres. Vuestra religión. Vuestros profesores, historiadores, políticos...

Muy pocos de los juicios de valor que habéis incorporado a vuestra verdad son juicios que habéis formulado vosotros mismos basándoos en vuestra propia experiencia. Pero la experiencia es lo que vinisteis a buscar aquí, y por vuestra experiencia ibais a crearos a vosotros mismos. Pero <u>vosotros</u> os habéis creado a vosotros mismos por la experiencia de los <u>demás</u>.

<u>Si hubiera algo parecido al pecado, sería esto: permitiros a vosotros mismos haber llegado a ser lo que sois por la experiencia de los demás.</u> He aquí el «pecado» que habéis cometido. Todos vosotros. No esperáis a tener vuestra propia experiencia, sino que aceptáis la experiencia de los <u>demás</u> como el evangelio (literalmente), y luego, cuando os encontráis con la <u>experiencia real</u> por primera vez, permitís que lo que <u>ya sabíais</u> acerca del encuentro oculte lo que realmente pensáis.

Si no obrarais así, podríais tener una experiencia completamente diferente; una experiencia que haría aparecer a vuestro maestro o fuente original como <u>equivocado</u>. En la mayoría de los casos, no queréis que vuestros padres, escuelas, religiones, tradiciones o sagradas escrituras aparezcan como equivocados, de modo que <u>negáis vuestra propia experiencia en favor de lo que os han dicho que penséis.</u>

Ninguna realidad puede ilustrar esto con mayor profundidad que vuestro tratamiento de la sexualidad humana.

Todo el mundo sabe que, de entre todas las experiencias <u>físicas</u> al alcance de los humanos, la experiencia sexual puede ser la más atractiva, emocionante, poderosa, estimulante, renovadora, energética, íntima, y con mayor capacidad de afirmación, unión y recreación. Aun habiendo descubierto esto experiencialmente, habéis decidido en cambio aceptar los juicios, opiniones e ideas previos acerca del sexo difundidos por <u>otros</u>; todos ellos con intereses creados en que penséis de una u otra manera.

Dichas opiniones, juicios e ideas han ido directamente contra vuestra propia experiencia; sin embargo, debido a que <u>no estáis dispuestos a considerar equivocados a vuestros maestros</u>, os convencéis a vosotros mismos de que debe ser vuestra experiencia la que está equivocada. El resultado es que habéis traicionado vuestra auténtica verdad en relación a esta cuestión; y ello con resultados devastadores.

Lo mismo habéis hecho con el dinero. En aquellos momentos de vuestra vida en que tenéis mucho dinero, os sentís estupendamente. Os sentís estupendamente recibiéndolo, y os sentís estupendamente gastándolo. No hay nada malo en ello, no hay ningún mal, nada intrínsecamente «equivocado». Sin embargo, han arraigado tan profundamente en vosotros las enseñanzas de los <u>demás</u> sobre este tema, que habéis rechazado vuestra experiencia en favor de la «verdad».

Al haber adoptado esta «verdad» como vuestra, habéis construido pensamientos en torno a ella; pensamientos que son <u>creadores</u>. Habéis, pues, creado una realidad personal en torno al dinero que lo aleja de vosotros; ya que ¿para qué trataríais de atraer algo que no es bueno?

Sorprendentemente, habéis creado la misma contradicción en torno a Dios. Todas vuestras experiencias más profundas acerca de Dios os dicen que Dios es bueno. Todos aquellos profesores vuestros que os enseñan algo acerca de Dios os dicen que Dios es malo. Vuestro corazón os dice que hay que amar a Dios sin temerle. Vuestros profesores os dicen que hay que temer a Dios, puesto que es un Dios vengativo. Habéis de vivir en el temor a la cólera de Dios, dicen. Debéis temblar en Su presencia. Durante toda vuestra vida habéis de temer el juicio del Señor —os han dicho—, pues el Señor es «justo», y todo lo sabe; y os hallaréis en apuros cuando os enfrentéis a la terrible justicia del Señor. Debéis, pues, «obedecer» los mandamientos de Dios. O si no...

Sobre todo, no habéis de formular preguntas lógicas tales como: «Si Dios quiere una estricta obediencia a Sus Leyes, ¿por qué creó la posibilidad de que dichas Leyes fueran violadas?». Todos vuestros maestros os dicen que porque Dios quería que tuvierais «libre albedrío». Sin embargo, ¿qué clase de libre albedrío es ese, si elegir una cosa en lugar de otra lleva a la condenación? ¿Cómo la «libre voluntad» puede ser libre, si no es vuestra voluntad, sino la de algún otro, la que debéis cumplir? Quienes eso os enseñan hacen de Dios un hipócrita.

Se os ha dicho que Dios perdona y es compasivo; pero si no le pedís perdón del «modo correcto», si no «os dirigís a Dios» <u>de la manera adecuada</u>, vuestra súplica no será escuchada, vuestro clamor quedará sin res-

puesta. Incluso eso no sería tan malo si hubiera una sola manera adecuada; pero se enseñan tantas «maneras adecuadas» como profesores hay.

Así, la mayoría de vosotros pasan casi toda su vida adulta buscando la manera «correcta» de rendir culto, de obedecer y de servir a Dios. _La ironía del asunto está en que Yo no quiero vuestro culto, Yo no necesito vuestra obediencia, y no necesitáis servirme._

Este tipo de comportamientos son los que históricamente han exigido de sus súbditos los monarcas; normalmente, monarcas egocéntricos, inseguros y tiránicos. En absoluto son exigencias divinas; y es extraordinario que el mundo no haya llegado ya a la conclusión de que tales exigencias son falsas, de que no tienen nada que ver con las necesidades o los deseos de Dios.

La divinidad no tiene necesidades. Todo lo Que Hay es exactamente eso: todo lo que hay. Por lo tanto, no quiere nada, ni carece de nada; por definición.

Si queréis creer en un Dios que de alguna manera necesita _algo_ —y se siente tan dolido si no lo obtiene que castiga a aquellos de quienes esperaba recibirlo—, entonces es que queréis creer en un Dios mucho más pequeño que Yo. Y verdaderamente _sois_ Hijos de un Dios Menor.

No, hijos míos; por favor, dejadme que os asegure una vez más, por medio de este texto, que no tengo necesidades. No necesito nada.

Esto no significa que no tenga _deseos._ _Deseos y necesidades_ no son la misma cosa (aunque para muchos de vosotros lo sean en vuestra vida actual).

El deseo es el principio de toda creación. Es el primer pensamiento. Es un sentimiento grandioso en el alma. Es Dios, decidiendo qué va a crear.

¿Y cuál es el deseo de Dios?

Yo deseo, en primer lugar, conocerme y experimentarme a Mí mismo, en toda Mi gloria; saber Quién Soy. Antes de inventaros a vosotros —y todos los mundos del universo— era imposible para Mí hacerlo.

En segundo lugar, deseo que podáis conocer y experimentar Quienes Realmente Sois, por medio del poder que os he dado de crearos y experimentaros a vosotros mismos de cualquier modo que escojáis.

En tercer lugar, deseo que todo el proceso de la vida sea una experiencia de constante alegría, de continua creación, de interminable expansión y de total realización en cada momento.

He establecido un sistema perfecto mediante el que estos deseos pueden realizarse. Se están realizando ahora, en este mismo momento. La única diferencia entre vosotros y Yo es que Yo _lo sé._

*En el momento en que alcancéis el conocimiento pleno (momento
que puede sobrevenir en cualquier instante), vosotros sentiréis lo mismo
que Yo siento constantemente: una alegría, amor, aceptación, bendición y
agradecimiento totales.*

*Estas son las <u>Cinco Actitudes</u> de Dios; y, antes de seguir adelante con
este diálogo, te mostraré cómo la aplicación de dichas actitudes en tu vida
actual puede conducirte —y <u>te conducirá</u>— hacia la santidad.*

*Todo esto constituye una respuesta muy larga para una pregunta muy
corta.*

*Sí, sé fiel a tus valores, en la medida en que experimentes que te son
útiles. Pero mira a ver si estos valores que te sirven <u>a ti,</u> con tus pensamientos, palabras y actos, traen al espacio de tu experiencia la idea mejor
y más alta que jamás hayas tenido de ti mismo.*

*Examina tus valores uno por uno. Somételos a la luz del escrutinio
público. Si puedes decir al mundo quién eres y en qué crees sin vacilacio-
nes ni indecisiones, entonces eres feliz contigo mismo. No hay ninguna
razón para ir mucho más allá en este diálogo conmigo, puesto que ya has
creado a un Yo —y una vida para este Yo— que no necesita ninguna me-
jora. Has alcanzado la perfección. Puedes dejar este libro.*

Mi vida no es perfecta, si siquiera se acerca a la perfección. No soy
perfecto. En realidad, soy un cúmulo de imperfecciones. Me gustaría
—a veces de todo corazón— poder corregir esas imperfecciones; lo que
yo sé que origina mis comportamientos, que provoca mis caídas, que
me mantiene en mi camino. Supongo que por eso es por lo que he acudido a Ti. No he sido capaz de encontrar las respuestas por mí mismo.

*Estoy contento de que hayas acudido a Mí. Siempre he estado dis-
puesto a ayudarte. Y lo estoy ahora. No tienes por qué encontrar las respuestas por ti mismo. Nunca has tenido por qué.*

Pero parece tan... presuntuoso... sencillamente sentarse y dialogar
contigo de este modo... y mucho más imaginar que Tú —Dios— me
respondes. Quiero decir que es una locura.

*Ya veo. Los autores de la Biblia estaban cuerdos, pero tú estás loco.
<u>Los autores de la Biblia fueron testigos de la vida de Cristo, y repro-
dujeron fielmente lo que vieron y oyeron.</u>*

*Falso. La mayoría de los autores del Nuevo Testamento nunca cono-
cieron ni vieron a Jesús en su vida. Vivieron muchos años después de que
Jesús abandonara la tierra. No habrían reconocido a Jesús de Nazaret
aunque se hubieran cruzado con él en la calle.*

Pero...

*Los autores de la Biblia fueron grandes creyentes y grandes historia-
dores. Recogieron los relatos que habían llegado hasta ellos y sus amigos
de boca de sus mayores —quienes, a su vez, los habían oído a sus mayores—, hasta que finalmente surgió una recopilación escrita.*
    *Y no todos los autores de la Biblia fueron incluidos en el documento
final.*
    *Ya habían surgido las «iglesias» en torno a las enseñanzas de Jesús; y
—como sucede siempre y dondequiera que la gente se agrupe en torno a
una idea poderosa— hubo ciertos individuos en el seno de dichas iglesias,
o enclaves, que determinaron qué partes de la historia de Jesús debían
mencionarse, y cómo. Este proceso de selección y corrección continuó durante toda la recopilación, redacción y publicación de los evangelios y la
Biblia.*
    *Incluso varios <u>siglos</u> después de que se consignaran las escrituras ori-
ginales, un Alto Consejo de la Iglesia determinó, una vez más, qué doctrinas y verdades había que incluir en la Biblia oficial de entonces; y qué
resultaría «malsano» o «prematuro» revelar a las masas.*
    *Además, ha habido otras sagradas escrituras, cada una de ellas fruto
de un momento de inspiración de hombres por lo demás corrientes, ninguno de los cuales estaba más loco que tú.*

¿No estarás sugiriendo que estos textos podrían llegar a ser un día
«sagradas escrituras»?

*Hijo mío, <u>todo en la vida es sagrado</u>. Desde esta perspectiva, sí, son
sagradas escrituras. Pero no quiero hacer juegos de palabras contigo, pues
sé lo que quieres decir.*
    *No, no estoy sugiriendo que este manuscrito llegará a convertirse un
día en sagrada escritura. Al menos no durante algunos cientos de años, o
hasta que su lenguaje no se vuelva anticuado.*
    *Mira: el problema es que este lenguaje es demasiado coloquial, dema-
siado familiar, demasiado contemporáneo. La gente supone que, si Dios*

hablara directamente con uno, su voz no sonaría como la del vecino de al lado. La estructura del lenguaje debe poseer un matiz de unidad, por no decir de divinidad; un matiz de dignidad; una sensación de santidad.

Como he dicho antes, esto es sólo una parte del problema. La gente tiene una percepción de Dios como Alguien que «se manifiesta» de una única forma. Cualquier cosa que viole esta forma se considera una blasfemia.

Lo que yo he dicho antes.

Lo que tú has dicho antes.

Pero vayamos al fondo de la cuestión. ¿Por qué te parece una locura que tú puedas mantener un diálogo con Dios? ¿Acaso no crees en la oración?

Sí, pero esto es distinto. Para mí, la oración siempre ha tenido una sola dirección. Yo pregunto, y Dios permanece inmutable.

¿Dios no ha respondido nunca a una oración?

Bueno, sí; pero, mira, nunca verbalmente. Bueno, ha habido toda una serie de acontecimientos en mi vida de los que yo he estado convencido que eran una respuesta —una respuesta muy directa— a la oración. Pero Dios nunca me ha hablado.

Ya veo. Entonces, ese Dios en el que crees es un Dios que puede <u>hacerlo</u> todo, menos precisamente hablar.

Por supuesto que Dios puede hablar, si quiere hacerlo. Es sólo que no parece probable que Dios vaya a querer hablarme a *mí*.

<u>He ahí la raíz de todos los problemas que experimentas en tu vida:</u> <u>que no te consideras a ti mismo suficientemente digno de que Dios te</u> <u>hable.</u>

¡Cielo santo! ¿Cómo puedes esperar nunca oír Mi voz, si no te crees a ti mismo lo suficientemente digno de que te <u>hable</u>?

<u>Te lo aseguro: en este momento estoy haciendo un milagro; pues no</u> <u>sólo estoy hablándote a ti, sino a cualquiera que haya comprado este libro</u> <u>y esté leyendo estas palabras.</u>

En este momento estoy hablando a cada uno de ellos. Sé quién es cada uno de ellos. Sé quiénes encontrarán su camino a través de estas palabras; y sé (como con todas Mis otras comunicaciones) que algunos serán capaces de oír, y otros sólo serán capaces de escuchar, pero <u>no oirán nada</u>.

Bien; eso plantea otra cuestión. Ya había pensado en publicar este material, tal como se está escribiendo.

Sí. ¿Qué tiene eso de «malo»?

¿No me dirán que estoy creando todo esto en provecho propio? ¿Y eso no hará que resulte sospechoso?

¿El motivo de que escribas esto es que podrás ganar mucho dinero?

No. No es por eso por lo que empecé a hacerlo. Inicié este diálogo sobre el papel debido a que mi mente ha estado acosada por una serie de preguntas durante treinta años; y estaba hambriento —más bien *famélico*— de respuestas. La idea de que podía hacer un libro con todo esto vino más tarde.

Te la di Yo.

¿Tú?

Sí. No creerás que voy a dejar que desperdicies todas estas maravillosas preguntas y respuestas.

No había pensado en eso. Al principio, sólo quería que mis preguntas fueran respondidas; que mi frustración acabara; que mi búsqueda terminara.

Bien. Entonces deja de cuestionarte tus motivos (cosa que haces incesantemente), y vamos <u>con</u> ello.

3

Bueno. Tengo un centenar de preguntas. Un millar. Un millón. Y el problema es que no sé por dónde empezar.

Simplemente haz una lista con las preguntas, y empieza por cualquiera de ellas. Hazlo ahora mismo. Haz una lista con las preguntas que se te ocurran.

De acuerdo. Algunas de ellas van a parecer bastante simples, bastante plebeyas.

Deja de formular juicios contra ti mismo. Simplemente haz la lista.

Conforme. Bueno, aquí están las que se me ocurren en este momento.

1. ¿Cuándo «despegará» finalmente mi vida? ¿Qué necesita para «entrar en razón» y alcanzar un mínimo de éxito? ¿Terminará alguna vez esta lucha?

2. ¿Cuándo aprenderé lo bastante sobre las relaciones para que las mías vayan como la seda? ¿Hay alguna manera de ser feliz en las relaciones? ¿Tienen que suponer siempre un reto constante?

3. ¿Por qué parece que nunca en mi vida puedo conseguir dinero suficiente? ¿Estoy destinado a apretarme el cinturón y pasar apuros económicos durante el resto de mi vida? ¿Qué es lo que me impide realizar mi pleno potencial en este aspecto?

4. ¿Por qué no puedo hacer lo que realmente *quiero* hacer con mi vida y a pesar de ello ganar lo suficiente para vivir?

5. ¿Cómo puedo resolver algunos de los problemas de salud que padezco? He sido víctima de bastantes problemas crónicos durante toda mi vida. ¿Por qué los sigo teniendo?

6. ¿Cuál es la lección kármica que se supone que debo asimilar aquí? ¿Qué intento aprender?

7. ¿Hay algo parecido a la reencarnación? ¿Cuántas vidas anteriores he tenido? ¿Qué fui en ellas? ¿Es real la «deuda kármica»?

8. A veces tengo la sensación de ser un médium. ¿Existe algo parecido a «ser un médium»? ¿Lo soy yo? La gente que afirma que lo es ¿«pacta con el diablo»?

9. ¿Es correcto ganar dinero haciendo el bien? Si yo decido realizar una obra de reconciliación en el mundo —la obra de Dios—, ¿puedo hacerlo y, a la vez, disfrutar de abundancia económica? ¿O bien ambas cosas son mutuamente excluyentes?

10. ¿Es bueno el sexo? ¡Vamos, que cuál es el meollo de esta experiencia humana! ¿El objetivo del sexo es puramente la procreación, como afirman algunas religiones? ¿Es cierto que la santidad y la iluminación se obtienen mediante la negación —o transmutación— de la energía sexual? ¿Es correcto practicar el sexo sin amor? La sensación física ¿es suficiente razón para justificarlo?

11. ¿Por qué hiciste del sexo una experiencia humana tan buena, tan impresionante y tan poderosa, si todo lo que debemos hacer es apartarnos de él todo lo posible? ¿Qué pasa? En este sentido, ¿por qué todas las cosas divertidas «o engordan o son pecado»?

12. ¿Hay seres vivos en otros planetas? ¿Nos han visitado? ¿Nos están observando? ¿Veremos alguna evidencia —irrefutable e indiscutible— de vida extraterrestre durante nuestra vida? ¿Cada forma de vida tiene su propio Dios? ¿Y Tú eres el Dios de todas ellas?

13. ¿Se realizará alguna vez la utopía en el planeta Tierra? ¿Se mostrará alguna vez Dios a las gentes de la Tierra, como prometió? ¿Habrá algo parecido a la Segunda Venida? ¿Habrá alguna vez un Fin del Mundo, o un apocalipsis, tal como lo profetiza la Biblia? ¿Hay una religión que sea la verdadera? Y si es así, ¿cuál de ellas?

Estas son sólo algunas de mis preguntas. Como he dicho, tengo centenares más. Algunas de ellas me resultan embarazosas: me parecen propias de alguien inmaduro. Pero, por favor, contéstamelas una por una, y «hablemos» de ellas.

Bueno. Ahora empezamos. No te disculpes por esas preguntas. Son preguntas que hombres y mujeres se han estado formulando durante cientos de años. Si las preguntas fueran tan tontas, no serían formuladas por una generación tras otra. Así que vayamos a la primera de ellas.

He establecido Leyes en el universo que te permiten tener —crear— exactamente lo que quieras. Dichas Leyes no pueden ser violadas, ni pueden ser ignoradas. Estás obedeciendo esas Leyes ahora mismo, incluso mientras escribes esto. No puedes dejar de cumplirlas, pues es así como funcionan las cosas. No puedes apartarte de ellas; no puedes actuar al margen de ellas.

Cada minuto de tu vida has estado actuando <u>dentro</u> de ellas; y, así, todo lo que has experimentado lo has creado tú.

Formas sociedad con Dios. Compartimos un convenio eterno. Mi compromiso para contigo consiste en darte siempre lo que me pidas. Tú compromiso consiste en pedírmelo; en entender el proceso de la petición y la concesión. Ya te he explicado antes este proceso. Lo haré de nuevo, para que lo entiendas de una manera clara.

Eres un ser triple. Te compones de <u>cuerpo, mente y espíritu.</u> También puedes denominarlo lo <u>físico</u>, lo <u>no-físico</u> y lo <u>meta-físico. Esta es la Santa Trinidad, y se la ha llamado de muchas maneras.</u>

Lo que mismo que tú eres, también Yo lo soy. Me manifiesto como Tres-En-Uno. Algunos de vuestros teólogos lo han llamado Padre, Hijo y Espíritu Santo.

Vuestros psiquiatras han reconocido también este triunvirato, y lo han llamado «consciente», «subconsciente» y «superconsciente».

Vuestros filósofos lo han llamado el «ello», el «yo» y el «super-yo».

La ciencia lo llama «energía», «materia» y «antimateria».

Los poetas hablan de «mente», «corazón» y «alma». Los pensadores de la Nueva Era aluden a «cuerpo», «mente» y «espíritu».

Vuestro tiempo se divide en «pasado», «presente» y «futuro». ¿No podría ser lo mismo que «subconsciente», «consciente» y «superconsciente»?

El espacio se divide igualmente en tres categorías: «aquí», «allí» y «el espacio intermedio».

Definir y describir este «espacio intermedio» resulta difícil, escurridizo. En el momento en que empiezas a definirlo o describirlo, el espacio que describes se convierte en «aquí» o «allí». Sin embargo, <u>sabemos</u> que este «espacio intermedio» existe. Es lo que mantiene al «aquí» y al «allí» en su sitio; del mismo modo que el eterno ahora mantiene al «antes» y al «después» en su sitio.

Estos tres aspectos de tu ser son, en realidad, tres energías. Podrías llamarlas pensamiento, palabra y acción. Las tres juntas producen un resultado: lo que, en vuestro lenguaje y según vuestros conocimientos, se denomina un «sentimiento», o «experiencia».

Tu alma (subconsciente, ello, espíritu, pasado, etc.) es la suma total de todos los sentimientos que has tenido (creado). Tu conciencia de algunos de ellos se denomina «recuerdo». Cuando tienes un recuerdo, se habla de re-membrar. Es decir, juntar de nuevo. Reunir de nuevo las partes.

Cuando reúnas de nuevo todas tus partes, habrás re-membrado Quien Realmente Eres.

El proceso de creación se inicia con el pensamiento; una idea, concepto o imagen mental. Todo lo que ves fue una vez idea de alguien. Nada existe en vuestro mundo que no haya existido antes como pensamiento puro.

Eso es cierto también respecto al universo.

El pensamiento es el primer nivel de la creación.

A continuación viene la palabra. Todo lo que se dice es pensamiento expresado. Es creador, y emite energía creadora al universo. Las palabras son más dinámicas (por lo tanto, algunas pueden ser más creadoras) que el pensamiento, puesto que las palabras constituyen un nivel de vibración distinto de el del pensamiento. Trastornan (cambian, alteran, afectan) al universo, causando un gran impacto.

Las palabras constituyen el segundo nivel de creación.

A continuación viene la acción.

Las acciones son palabras en movimiento. Las palabras son pensamientos expresados. Los pensamientos son ideas formadas. Las ideas son energías reunidas. Las energías son fuerzas liberadas. Las fuerzas son elementos existentes. Los elementos son partículas de Dios, porciones del Todo, la sustancia de todo.

El principio es Dios. El final es la acción. La acción es Dios creando, o Dios experimentado.

Tu pensamiento acerca de ti mismo es que no eres lo bastante bueno, lo bastante maravilloso, lo bastante puro, para ser una parte de Dios, para formar sociedad con Dios. Has negado durante tanto tiempo Quién Eres, que lo has olvidado.

Esto no ha ocurrido por azar; no es una casualidad. Forma parte de un plan divino, puesto que no podrías afirmar, crear ni experimentar Quién Eres, si ya lo fueras. Primero era necesario que rompieras (negaras, olvi-

daras) tu vínculo conmigo, con el fin de experimentarlo plenamente mediante su creación plena, mediante su surgimiento, ya que tu más grandioso deseo —y Mi más grandioso deseo— era que te experimentaras a ti mismo como la parte de Mí que eres. Así pues, estás en proceso de experimentarte a ti mismo creándote a ti mismo de nuevo en cada momento. Al igual que Yo lo estoy; a través tuyo.

¿Ves la sociedad? ¿Comprendes sus implicaciones? Se trata de una sagrada colaboración; realmente, de una sagrada comunión.

Así, tu vida «despegará» cuando decidas que lo haga. Hasta ahora no lo has decidido. Te has entretenido, lo has aplazado, has protestado. Ahora es el momento de que produzcas lo prometido. Para hacerlo, debes creer la promesa, y vivirla. <u>Debes vivir la promesa de Dios.</u>

La promesa de Dios es que tú eres Su hijo. Su descendencia. Su semejante. Su igual.

¡Ah!... aquí es donde el asunto se complica. Puedes aceptar lo de «Su hijo», «descendencia» y «semejante», pero rechazas ser llamado «Su igual». Aceptar eso es demasiado. Demasiada grandeza, demasiado asombroso; demasiada <u>responsabilidad</u>, puesto que, si eres <u>igual</u> a Dios, eso significa que nada se te da a ti, sino que todo es creado por ti. <u>Ya no puede haber víctimas ni malvados</u>; sólo resultados de tu pensamiento respecto a algo.

<u>Te lo aseguro: todo</u> lo que ves en tu mundo es el resultado de tu idea sobre ello.

¿Quieres que tu vida «despegue» realmente? Entonces, cambia tu idea sobre ella. Sobre ti. Piensa, actúa y habla como el <u>Dios que Eres</u>.

Por supuesto, esto te alejará de muchos —de la mayoría— de tus semejantes. Te llamarán loco. Te acusarán de blasfemo. Finalmente se hartarán de ti, y tratarán de crucificarte.

Actuarán así, no porque piensen que tu vives en un mundo producto de tus propias ilusiones (la mayoría de los hombres son lo bastante amables como para permitirte tus diversiones privadas), sino porque, antes o después, otros se sentirán <u>atraídos</u> por tu verdad, por las promesas que ésta encierra para <u>ellos</u>.

Y es en este momento cuando intervendrán tus semejantes, porque será en este momento cuando empezarás a representar una amenaza para ellos, ya que tu sencilla verdad, sencillamente vivida, ofrecerá más belleza, más bienestar, más paz, más alegría y más amor hacia uno mismo y hacia los demás que todo lo que tus colegas terrenales puedan idear.

Y adoptar esa verdad significaría el fin de sus costumbres. Significaría *el fin del odio y el temor, de la guerra y la intolerancia. El fin de todas las condenas y asesinatos que se han cometido en <u>Mi nombre</u>. El fin de «la ley del más fuerte». El fin de la lealtad y el homenaje por el temor. El fin del mundo tal como lo conocéis; y como <u>vosotros</u> lo habéis creado hasta ahora.*

De modo que estáte preparada, alma buena; puesto que serás vilipendiada y despreciada, insultada y abandonada, y finalmente te acusarán, te juzgarán y te condenarán —todo ello a su manera— desde el momento en que aceptes y adoptes tu sagrada causa: la realización del Yo.

Entonces, ¿por qué hacerlo?

Porque ha dejado de preocuparte la aceptación o aprobación del mundo. Ha dejado de satisfacerte lo que ésta te ha aportado. Ha dejado de complacerte lo que les ha dado a otros. Quieres que cese el dolor, que cese el sufrimiento; que termine la ilusión. Estás harto de este mundo tal como es actualmente. Aspiras a un mundo nuevo.

<u>Deja</u> de aspirar a él. Ahora, <u>haz que surja</u>.

¿Puedes ayudarme a entender mejor cómo hacerlo?

Sí. Fíjate primero en tu Más Alto Pensamiento sobre ti mismo. Imagina cómo serías si vivieras ese pensamiento cada día. Imagina lo que pensarías, harías y dirías, y cómo responderías a lo que los demás hicieran o dijeran.

¿Ves alguna diferencia entre esta proyección y lo que piensas, haces y dices ahora?

Sí. Veo una gran diferencia.

Bueno. Debes verla, puesto que sabemos que en este momento no estás viviendo tu más alta visión de ti mismo. Ahora bien, una vez vistas las diferencias entre dónde estás y dónde quieres estar, empieza a cambiar —cambiar conscientemente— tus pensamientos, palabras y acciones, igualándolos con tu magnífica visión.

Esto requerirá un esfuerzo físico y mental tremendo. Supondrá un control constante, momento a momento, de cada pensamiento, palabra y acto. Implicará una continua —y consciente— toma de decisiones. Todo el proceso constituye un enorme desplazamiento hacia la conciencia. Lo que descubrirás si afrontas este reto es que <u>has pasado la mitad de tu vida inconsciente</u>. Es decir, ignorante a nivel consciente de <u>lo que has decidido</u>

en cuanto a pensamientos, palabras y actos hasta que has experimentado sus consecuencias; y entonces, cuando has experimentado dichos resultados, has negado que tus pensamientos, palabras y actos tuvieran algo que ver con ellos.

Se trata de una invitación a abandonar esta vida inconsciente. De un reto al que tu alma ha aspirado desde el principio de los tiempos.

Ese continuo control mental parece que haya de ser terriblemente agotador.

Puede serlo, hasta que se convierta en una segunda naturaleza. En realidad, es tu segunda naturaleza. Tu primera naturaleza consiste en amar incondicionalmente. Tu segunda naturaleza consiste en decidir expresar tu primera naturaleza, tu verdadera naturaleza, conscientemente.

Perdona, pero esa especie de control constante sobre lo que pienso, digo y hago, ¿no me convertirá en una persona «sosa»?

En absoluto. Distinta sí; «sosa» no. ¿Era «soso» Jesús? No creo que lo fuera. ¿Resultaba aburrido estar junto a Buda? La gente se congregaba a su alrededor, suplicaba poder hallarse en su presencia. Nadie que haya llegado a ser un Maestro es aburrido. Quizás sea poco corriente; quizás sea extraordinario; pero nunca «soso».

Así pues: ¿quieres que tu vida «despegue»? Empieza a imaginártela del modo como quieres que sea, y trata de alcanzarlo. Examina cada pensamiento, palabra y obra que no se muestren en armonía con esa idea, y aléjalos de ti.

Cuando tengas un pensamiento que no cuadre con tu más alta visión, cámbialo por otro nuevo, inmediatamente. Cuando digas algo que no se ajuste a tu más grandiosa idea, toma nota de no volver a decir de nuevo nada semejante. Cuando hagas algo que no cuadre con tu mejor intención, decide que esa sea la última vez que lo haces. Y siempre que puedas, haz el bien sin mirar a quién.

Ya he oído eso antes, y siempre he estado en contra, pues me parece poco honesto. Quiero decir que, si estás enfermo, no puedes admitirlo. Si estás sin blanca, no puedes decirlo. Si estás enfadado, no puedes demostrarlo. Eso me recuerda el chiste de las tres personas que van al infierno: un católico, un judío y un filósofo de la Nueva Era. El diablo le dice al católico, burlonamente: «¿Qué? ¿Cómo va el calor?». Y el católico le responde compungido: «Me lo tomo como un sacrificio». A continuación, le pregunta al judío: «¿Y a ti? ¿Cómo te va el calor?». El judío contesta: «¿Y qué otra cosa podía esperar, sino otro infierno?». Finalmente, el diablo se dirige al filósofo de la Nueva Era: «¿Qué tal el calor?»; a lo que éste responde, sudando: «¿Calor? ¿Qué calor?».

Es un buen chiste. Pero Yo no estoy hablando de ignorar el problema, o de pretender que no existe. Estoy hablando de observar la circunstancia, y luego formular tu más alta verdad respecto a ella.

Y si estás sin blanca, pues estás sin blanca. Es absurdo mentir acerca de eso, y tratar de inventarse un cuento para no admitirlo. Pero es tu pensamiento acerca de ello —«estar sin blanca es malo», «estar sin blanca es horrible», «soy una mala persona, puesto que la buena gente que trabaja duro y realmente se esfuerza nunca está sin blanca», etc.— el que determina cómo experimentas la «situación-de-estar-sin-blanca». Son tus palabras acerca de ello —«estoy sin blanca», «no tengo ni un duro», «no tengo dinero»— las que dictaminan cuánto tiempo seguirás estando sin blanca. Son tus actos en relación a esa situación —compadeciéndote a ti mismo, dejándote abatir, no tratando de buscar una salida; porque, de todos modos, ¿para qué?— los que, a la larga, crean tu realidad.

Lo primero que has de entender respecto al universo es que ninguna circunstancia es «buena» o «mala». Simplemente es. De modo que deja de hacer juicios de valor.

Lo segundo que has de saber es que todas las circunstancias son transitorias. Nada se mantiene igual, nada permanece estático. De qué manera cambie, es algo que depende de ti.

Perdona, pero voy a interrumpirte de nuevo. ¿Y la persona que cae enferma, pero cuya fe mueve montañas, y —por lo tanto— piensa, dice y *cree* que va a ponerse mejor... pero se muere seis meses después? ¿Cómo encaja *eso* con todo este pensamiento positivo y acción afirmativa?

Eso está bien. Me planteas preguntas difíciles. No tomas Mis palabras a la ligera. Más adelante habrás de tomar mis palabras a la ligera, debido a que al final verás que podemos estar discutiendo interminablemente, tu y Yo, hasta que no quede otra cosa que hacer sino «intentarlo o rechazarlo». Pero ese momento aún no ha llegado. Así pues, sigamos con el diálogo; sigamos hablando.

Una persona que tiene una «fe que mueve montañas» y muere seis meses después, ha movido montañas durante seis meses. Puede que eso haya sido suficiente para ella. Puede que haya decidido, en la última hora del último día: «Bueno. Ya tengo suficiente. Estoy dispuesto a pasar a otra aventura». Tú no puedes conocer su decisión, puesto que es posible que no te lo haya dicho. Lo cierto es que puede haber tomado esta decisión bastante antes —días o semanas antes— y no haberte dicho nada.

Habéis creado una sociedad en la que no se está de acuerdo con que uno quiera morir; en la que no se está de acuerdo con que uno esté de acuerdo con la muerte. Puesto que tú no quieres morir, no puedes imaginar que _nadie_ quiera morir, independientemente de su situación o sus circunstancias.

Sin embargo, hay muchas situaciones en las que la muerte resulta preferible a la vida, y que sé que puedes imaginar si piensas en ello sólo un momento. Sin embargo, esas verdades no se te ocurren —no resultan patentes— cuando te hallas ante alguien que decide morir. Y la persona agonizante lo sabe. Puede percibir el nivel de aceptación que hay entre los que le rodean respecto a su decisión.

¿Te has fijado alguna vez en cuánta gente espera a que la habitación en la que se encuentra se halle vacía para morirse? Algunos incluso les han dicho a sus seres queridos: «Vete tranquilo. Ve a comer algo», o bien: «Ve a dormir. Estoy bien. Nos veremos mañana». Y luego, cuando sus fieles custodios los han abandonado, lo mismo hace el alma con el cuerpo del custodiado.

Si les dijeran a sus amigos y parientes allí reunidos: «Simplemente quiero morir», ellos le responderían: «¡Oh!, ¡No digas eso!», o bien: «¡No hables de ese modo!», o bien: «¡Resiste!», o bien: «¡Por favor, no me dejes!».

Todo el estamento médico en su conjunto ha sido formado para mantener a la gente con vida, pero no para proporcionarle los medios para que pueda morir con dignidad.

Fíjate en que para un médico o una enfermera la muerte es un fracaso. Para un amigo o un pariente, es un desastre. Sólo para el alma la muerte es un alivio, una liberación.

El mayor regalo que se puede hacer a los moribundos es dejarles morir en paz; no pensar que deben «resistir», o seguir sufriendo, o preocuparse por _uno_ en ese paso crucial en sus vidas.

Muy a menudo, eso es lo que ha ocurrido en el caso del hombre que dice que va a vivir, cree que va a vivir, e incluso reza para vivir: que, al nivel del alma, ha «cambiado su mentalidad». Ha llegado el momento de dejar que el cuerpo deje libre el alma para otras ocupaciones. Cuando el alma toma esta decisión, nada puede hacer el cuerpo para cambiarla. Nada que la mente piense puede alterarla. Es en el momento de la muerte cuando aprendemos quién lleva la voz cantante en el triunvirato cuerpo-alma-mente.

Durante toda tu vida crees que tú eres tu cuerpo. Alguna vez piensas que eres tu mente. Pero es en el momento de tu muerte cuando descubres Quién Eres Realmente.

Ahora bien, también ocurre a veces que el cuerpo y la mente no *escuchan* al alma. Eso crea también la situación que tú describes. Lo que más difícil le resulta hacer a la gente es escuchar a su alma (fíjate qué pocos lo hacen).

Sucede, pues, que el alma decide que es el momento de abandonar el cuerpo. El cuerpo y la mente —siempre criados del alma— lo saben, y se inicia el proceso de liberación. Pero la mente (el yo) no quiere aceptarlo. Después de todo, supone el fin de su existencia. Entonces, ordena al cuerpo que resista frente a la muerte, lo que éste hace con mucho gusto, pues tampoco quiere morir. El cuerpo y la mente (el yo) reciben un gran estímulo y grandes elogios por ello del mundo exterior, el mundo de su creación. Así, la estrategia se confirma.

Ahora bien, en este momento todo depende de hasta qué punto el alma quiera salir. Si no tiene una gran urgencia, puede decir: «Está bien, tú ganas. Me quedaré un poco más contigo». Pero si el alma tiene muy claro que permanecer junto al cuerpo no sirve a sus más altos propósitos —que no hay ninguna manera de que pueda seguir *evolucionando* a través de su cuerpo—, entonces lo abandonará, y nada podrá detenerla, ni nada debe intentarlo.

El alma tiene muy claro que su objetivo es evolucionar. Ese es su *único* y propio objetivo. No le preocupan los éxitos del cuerpo o el desarrollo de la mente. No tienen sentido para el alma.

El alma tiene claro también que abandonar el cuerpo no supone ninguna tragedia. En muchos casos, la tragedia está en permanecer *en* el cuerpo. Así pues, has de entender que el alma ve la cuestión de su muerte como algo diferente. Por supuesto, también ve la «cuestión de la vida» de modo distinto; y ese es el origen de gran parte de la frustración y ansiedad que uno siente durante su vida. La frustración y la ansiedad provienen de no escuchar a la propia alma.

¿Cómo puedo escuchar a mi alma? Si, a la hora de la verdad, el alma es el jefe, ¿cómo puedo estar seguro de que recibo las órdenes de la oficina central?

Lo primero que puedes hacer es tener claro qué es el alma, y dejar de formular juicios sobre ella.

¿Formulo juicios sobre mi alma?

Constantemente. Ya te he mostrado cómo te juzgas a ti mismo si quieres morir. También te juzgas a ti mismo si quieres vivir; si quieres vivir *realmente. Te juzgas a ti mismo si quieres reír, si quieres llorar, si quieres ganar, si quieres perder, si quieres experimentar la alegría y el amor... especialmente por esto último.*

¿Eso hago?

De algún sitio has sacado la idea de que negarte *la alegría es un acto piadoso, de que no divertirte en la vida es un acto divino. La negación —te has dicho a ti mismo— es buena.*

¿Me estás diciendo que es mala?

No es ni buena ni mala; es simplemente negación. Si tú te sientes bien después de negarte a ti mismo, entonces en tu mundo es buena. Si te sientes mal, entonces es mala. La mayor parte de las veces, no lo decides tú. Te niegas a ti mismo esto o aquello porque te dices a ti mismo que debes hacerlo. Luego dices que era bueno hacerlo, pero te extrañas porque no te sientes bien.

Así, lo primero que has de hacer es dejar de formular estos juicios contra ti mismo. Aprende cuál es el deseo del alma, y síguelo. Sigue al alma.

En definitiva, el alma no es sino el más alto sentimiento de amor que puedas imaginar. Este es el deseo del alma. Este es su objetivo. El alma es el sentimiento. No el conocimiento, sino el sentimiento. Ya posee el conocimiento, pero éste es conceptual; mientras que el sentimiento es experiencial. El alma quiere sentirse a sí misma, y, por lo tanto, conocerse a sí misma en su propia experiencia.

El sentimiento más alto es la experiencia de la unidad con Todo lo Que Es. Este es el gran retorno a la Verdad por el que el alma suspira. Este es el sentimiento del amor perfecto.

El amor perfecto consiste en percibir lo perfecto que es el color blanco. Muchos piensan que el blanco es la ausencia de color. No es así. Es la inclusión de todos los colores. El blanco es todos los demás colores que existen, combinados.

Del mismo modo, el amor no es la ausencia de toda emoción (odio, cólera, lujuria, envidia, codicia), sino la suma de todo sentimiento. Es la suma total. El total combinado. El todo.

Así, para que el alma pueda experimentar el amor perfecto, debe experimentar todos los sentimientos humanos.

¿Cómo puedo tener compasión de algo que no entiendo? ¿Cómo puedo perdonar en otro lo que nunca he experimentado en Mí mismo? Con ello puedes ver tanto la simplicidad como la imponente magnitud del viaje del alma. Puedes entender por fin lo que es capaz de hacer:

El propósito del alma humana consiste en experimentar todo eso; de modo que puede ser todo eso.

¿Cómo puede estar arriba, si nunca ha estado abajo? ¿Cómo puede estar a la izquierda, si nunca ha estado a la derecha? ¿Cómo puede tener calor, si no conoce el frío? ¿Cómo puede conocer el bien, si niega el mal? Obviamente, el alma no puede elegir ser algo si no hay nada entre lo que elegir. Para experimentar su grandeza, el alma debe saber qué es la grandeza. Y no puede hacerlo si no hay nada más que grandeza. Así, el alma se da cuenta de que la grandeza únicamente existe en el espacio de aquello que no es grandioso. En consecuencia, no condena nunca aquello que no es grandioso, sino que lo bendice, viendo en ello una parte de sí misma que debe existir para que la otra parte de sí misma se manifieste.

La tarea del alma, por supuesto, consiste en hacer que escojáis la grandeza —que seleccionéis lo mejor de Quienes Sois—, sin condenar aquello que no seleccionáis.

Se trata de una gran tarea, que requiere de muchas vidas, puesto que estáis habituados a aventurar juicios, a llamar a algo «equivocado» o «malo», o «insuficiente», en lugar de bendecir aquello que no elegís.

Hacéis algo peor que condenarlo: en realidad, tratáis de dañar aquello que no elegís; tratáis de destruirlo. Si hay alguna persona, lugar o cosa con los que no estéis de acuerdo, los atacáis. Si hay alguna religión que va en contra vuestra, la consideráis equivocada. Si hay algún pensamiento que os contradice, lo ridiculizáis. Si hay alguna idea distinta de la vuestra, la rechazáis. En esto os equivocáis, puesto que creáis sólo la mitad del universo. Y no podréis entender nunca vuestra mitad en tanto rechacéis completamente la otra.

Todo esto es muy profundo, y te lo agradezco. Nadie me había dicho nunca estas cosas. Al menos, no con tanta sencillez. E intento entenderlas. En realidad, las entiendo. Pero algunas resultan difíciles de afrontar. Por ejemplo, parece que quieras decir que debemos amar lo «equivocado» para que podamos conocer lo «correcto». ¿Estás diciendo que debemos abrazar al diablo, por decirlo así?

¿De qué otro modo podríais reconciliaros con él? Por supuesto, no existe un diablo real, pero te estoy respondiendo en el idioma que has elegido.

La reconciliación es el proceso de aceptarlo todo, y luego elegir lo mejor. ¿Lo entiendes? No puedes elegir ser Dios si no hay nada más entre lo que elegir.

¡Eh, espera! ¿Has dicho algo de elegir *ser* Dios?

El sentimiento más alto es el amor perfecto. ¿De acuerdo?

Sí, debe de serlo.

¿Y se te ocurre otra descripción mejor de Dios?

No, no lo creo.

Bien. Tu alma aspira al más alto sentimiento. Aspira a experimentar, o sea, a ser, el amor perfecto.

Es el amor perfecto; y lo sabe. Pero desea hacer algo más que saberlo. Desea serlo en su experiencia.

¡Evidentemente, aspiras a ser Dios! ¿Qué otra cosa ibas a ser?

No lo sé. No estoy seguro. Supongo que nunca me lo había planteado. Me parece como si tuviera algo de blasfemo.

No resulta nada interesante el hecho de que no te parezca blasfemo aspirar a ser como el demonio, y en cambio te parezca ofensivo aspirar a ser como Dios.

¡Eh, espera un momento! ¿Quién aspira a ser como el demonio?

¡Tú! ¡Todos vosotros! Incluso habéis creado religiones que afirman que habéis nacido en pecado, que sois pecadores de nacimiento, para convenceros a vosotros mismos de vuestro propio mal. Sin embargo, aunque os dijera que habéis nacido de Dios, que nacéis como puros Dioses y Diosas —puro amor—, me lo negaríais.

Pasáis toda vuestra vida convenciéndoos de que sois malos. Y no sólo de que sois malos, sino de que aquello que deseáis es malo. El sexo es malo, el dinero es malo, la alegría es mala, el poder es malo, tener mucho es malo —mucho de lo que sea—. Algunas de vuestras religiones incluso mantienen la creencia de que bailar es malo, la música es mala, divertirse es malo. Pronto aceptaréis que sonreír es malo, que reír es malo, que amar es malo.

No, no, amigo mío; puede que haya muchas cosas que no tienes claras, pero hay una que sí la tienes. Tú eres malo, y la mayor parte de lo que deseas es malo. Una vez formulado este juicio sobre ti mismo, has decidido que tu tarea consiste en ser mejor.

Te advierto que eso está bien. En cualquier caso, el objetivo es el mismo; pero hay un camino más corto, un atajo, una vía más rápida.

¿Cuál?

La aceptación inmediata de Quién y Qué Eres, y la manifestación de ello.

Eso es lo que hizo Jesús. Es el camino de Buda, de Krishna, el camino de todos los Maestros que han habitado este planeta.

Y, de igual modo, todos los Maestros han dejado el mismo mensaje: lo que yo soy, tú lo eres; lo que yo puede hacer, tú lo puedes hacer; todo esto, y más, también lo harás tú.

Pero no les habéis escuchado. En cambio, habéis elegido el camino, mucho más difícil, de creer que uno es el demonio, de imaginar que uno es el mal.

Decís que es difícil seguir el camino de Cristo, practicar las enseñanzas de Buda, poseer la luz de Krishna, ser un Maestro. Pero Yo te aseguro que es mucho más difícil negar Quién Eres que aceptarlo.

Eres bondad, misericordia, compasión y conocimiento. Eres paz, luz y alegría. Eres perdón y paciencia, fuerza y valor, ayuda cuando hay necesidad, consuelo cuando hay dolor, curación cuando hay herida, enseñanza cuando hay ignorancia. Eres la sabiduría más profunda y la más alta verdad; la paz más magnífica y el más grandioso amor. Eres todo esto. Y en determinados momentos de tu vida tú te has _reconocido_ a ti mismo _como_ siendo todo esto.

Decide, pues, reconocerte a ti mismo siempre como siendo todo esto.

4

¡Vaya! ¡La verdad es que me inspiras!

Bueno. Si Dios no puede inspirarte, ya me dirás quién demonios va a hacerlo.

¿Siempre eres así de impertinente?

No he pretendido que fuera una impertinencia. Léelo de nuevo.

¡Ah! Ahora lo veo.

Exacto.
Sin embargo, estaría bien que fuera impertinente, ¿no?

No sé. Estoy acostumbrado a que mi Dios sea un poco más serio.

Bueno, pues hazme un favor, y no intentes contenerme. Y, por cierto: hazte el mismo favor a ti mismo.
Lo único que ocurre es que tengo un gran sentido del humor. Te diría que tú también deberías tenerlo a la hora de considerar todo lo que has hecho en la vida, ¿no? Quiero decir que, a veces, tengo que reírme de ello.
Pero eso está bien, ¿sabes?, pues Yo sé que al final todo acabará bien.

¿Qué quieres decir con eso?

Quiero decir que no puedes perder la partida. No puedes fracasar. No *entra en el plan. No hay modo de que no llegues a donde vas. No hay modo de que equivoques tu destino. Si Dios es tu objetivo estás de suerte, pues <u>Dios es tan grande que no puedes perderte.</u>*

Esa es la gran preocupación, por supuesto. La gran preocupación es que, de un modo u otro, la liemos y no lleguemos a verte ni a estar contigo nunca.

¿Quieres decir «ir al cielo»?

Sí. A todos nos da miedo ir al infierno.

De modo que por eso os habéis colocado allí de entrada: para evitar <u>ir</u> allí. ¡Hummm...! ¡Una estrategia interesante!

¿Lo ves? ¡Vuelves a ser impertinente!

No puedo ayudarte. ¡Todo este asunto del infierno hace que surja lo peor de Mí!

¡Desde luego, eres un buen comediante!

¿Has necesitado todo este tiempo para descubrirlo? ¿Te has fijado en el mundo últimamente?

Eso me hace pensar en otra pregunta. ¿Por qué no arreglas el mundo, en lugar de permitir que se vaya al infierno?

¿Por qué no lo haces tú?

Yo no tengo del poder de hacerlo.

¡Tonterías! Tienes el poder y la capacidad de acabar con el hambre en el mundo en este momento, de curar las enfermedades en este instante. ¿Y si te dijera que vuestro propio estamento médico <u>oculta</u> métodos de curación, se niega a aceptar medicinas y procedimientos alternativos, porque amenazan la propia estructura de la profesión de «curar»? ¿Y si te dijera que los gobiernos no <u>quieren</u> acabar con el hambre en el mundo? ¿Me creerías?

Este asunto me ha traído de cabeza. Sé que ese es el punto de vista populista, pero no puedo creer que realmente sea cierto. Ningún médico niega una curación. Nadie quiere ver morir a sus compatriotas.

Ningún médico <u>individual</u>; es cierto. Ningún compatriota <u>particular</u>; es correcto. Pero cuando hablamos del estamento médico y del estamento político, hablamos de algo <u>institucionalizado</u>, y son las instituciones las que lo hacen, a veces de manera muy sutil, a veces incluso inconsciente, pero inevitablemente... ya que, para dichas instituciones, se trata de una cuestión de supervivencia.

Así, por ponerte sólo un ejemplo muy sencillo y evidente, los médicos occidentales rechazan la eficacia curativa de los médicos orientales porque aceptarla, admitir que determinadas modalidades alternativas pueden proporcionar una curación, supondría desgarrar el propio tejido de la institución tal como está estructurado.

Esto no es malévolo, pero es insidioso. El estamento no lo hace porque sea malo; lo hace porque tiene miedo.

<u>Todo ataque es una llamada de socorro.</u>

Eso lo he leído en un libro.

Yo lo puse allí.

¡Chico, tienes una respuesta para todo!

Eso me recuerda que no hemos hecho más que empezar con tus preguntas. Estábamos hablando de cómo poner tu vida en marcha. Cómo hacer que «despegue». Estaba hablando del proceso de creación.

Sí, y yo no dejaba de interrumpirte.

Eso está bien, pero volvamos a ello, pues no nos interesa perder el hilo de algo muy importante.

<u>La vida es una creación, no un descubrimiento.</u>

No vives cada día para <u>descubrir</u> qué te espera ese día, sino para <u>crearlo.</u> Estás creando tu realidad cada minuto, probablemente sin saberlo.

He aquí el cómo y el porqué:

1. Yo os he creado a imagen y semejanza de Dios.

2. *Dios es el creador.*

3. *Sois tres seres en uno. Puedes llamar a esos tres aspectos del ser como quieras: Padre, Hijo y Espíritu Santo; mente, cuerpo y espíritu; superconsciente, consciente y subconsciente.*

4. *El proceso de creación procede de estas tres partes de vuestro cuerpo. Dicho de otro modo, creáis a los tres niveles. Las herramientas de creación son: el pensamiento, la palabra y la obra.*

5. *Toda creación se inicia con el pensamiento («Procede del Padre»). Toda creación pasa después a la palabra («Pedid y se os dará, hablad y se os hará»). Toda creación se completa en la obra («Y el verbo se hizo carne, y habitó entre nosotros»).*

6. *Aquello que pensáis pero no decís crea a un nivel. Aquello que pensáis y decís crea a otro nivel. Aquello que pensáis, decís y hacéis se hace manifiesto en vuestra realidad.*

7. *Pensar, decir y hacer algo, si no creéis verdaderamente en ello, es imposible. Por lo tanto, el proceso de creación debe incluir la creencia, o el conocimiento. Éste es fe absoluta. Está más allá de la esperanza. Es conocimiento de una certeza («Por vuestra fe seréis sanados»). En consecuencia, la parte activa de la creación incluye el conocimiento. Se trata de una claridad esencial, una certeza total, una completa aceptación de algo en tanto realidad.*

8. *Este nivel de conocimiento es un nivel de intensa e increíble gratitud. Es un agradecimiento por adelantado. Y quizás sea ésta la clave más importante de la creación: estar agradecido antes de, y por, la creación. Esta actitud de darla ya por hecha no es algo que haya que perdonar, sino algo que hay que alentar. Es un signo seguro de la cualidad de Maestro. Todos los Maestros saben por adelantado que la obra se ha realizado.*

9. *Celebra y disfruta de todo lo que creas y has creado. Rechazar cualquier parte de ello significa rechazarte a ti mismo. Sea lo que sea lo que se presente como parte de tu creación, poséelo, reivindícalo, bendícelo, agradécelo. Procura no condenarlo («¡maldita sea!»), puesto que condenarlo significa condenarte a ti mismo.*

10. *Si hay algún aspecto de tu creación del cual veas que no disfrutas, bendícelo y simplemente cámbialo. Elige de nuevo. Provoca una nueva realidad. Piensa una nueva idea. Pronuncia una nueva palabra. Haz algo nuevo. Hazlo con magnificencia, y el resto del mundo te seguirá. Pídelo. Exígelo. Di: «Yo soy el Camino y la Vida. Sígueme».*

De este modo *se manifiesta la voluntad de Dios*, «así en la Tierra como en el Cielo».

Si es tan sencillo como eso, si todo lo que necesitamos son esas diez etapas, ¿por qué no es así para la mayoría de nosotros?

Sí es así, y para todos *vosotros. Algunos de vosotros utilizáis el «sistema» conscientemente, con pleno conocimiento, y otros lo utilizáis inconscientemente, sin saber siquiera lo que estáis haciendo.*

Algunos de vosotros camináis despiertos, y otros camináis dormidos. Pero todos *vosotros estáis creando vuestra realidad —creando, no descubriendo—, utilizando el poder que os he dado y el proceso que acabo de describir.*

Así pues, me has preguntado cuándo «despegará» tu vida, y te he dado la respuesta.

Harás que tu vida «despegue» cuando, primero, logres pensar en ella con suma claridad. Piensa en lo que quieres ser, hacer y tener. Piensa en ello a menudo, hasta que lo veas muy claro. Entonces, cuando logres dicha claridad, no pienses en nada más. No imagines otras posibilidades.

Disciplina tu mente para que mantenga con firmeza el pensamiento creador original.

Cuando tus pensamientos sean claros y firmes, empieza a hablar de ellos como verdades. Grítalos fuerte. Utiliza el gran mandato que hace surgir el poder creador: yo soy. Afirma «yo soy» a los demás. «Yo soy» constituye la más poderosa afirmación creadora del universo. Sea lo que sea lo que pienses, sea lo que sea lo que digas, tras las palabras «yo soy» ello pondrá en movimiento dichas experiencias, hará que surjan, las llevará a ti.

No hay ningún otro modo de que el universo pueda funcionar. Ninguna otra ruta que pueda tomar. El universo responde al «yo soy» como un genio en una botella.

Dices «Libera toda duda. Rechaza todo temor. Descarta todo pesimismo», como si dijeras «Póngame una barra de pan». Pero todo esto resulta más fácil de decir que de hacer. «Desecha todos los pensamientos negativos de tu construcción mental» podría ser también «sube al Everest antes de almorzar». Se trata de una orden excesivamente grande.

Canalizando tus pensamientos, ejerciendo un control sobre ellos, no es tan difícil como parece. (En este sentido, tampoco lo es subir al Everest.) Es cuestión de disciplina. Es cuestión de proponérselo.

El primer paso consiste en aprender a controlar sus pensamientos; a pensar en lo que piensas.

Cuando te sorprendas a ti mismo teniendo pensamientos negativos —pensamientos que nieguen tu más alta idea de ti mismo—, piensa otra vez. Quiero que lo hagas <u>literalmente</u>. Si piensas que estás abatido, hecho polvo, y que de ahí no puede salir nada bueno, <u>piensa otra vez</u>. Si piensas que el mundo es un lugar malo, lleno de acontecimientos negativos, <u>piensa otra vez</u>. Si piensas que tu vida se rompe en pedazos, y te parece que nunca la podrás recomponer, <u>piensa otra vez</u>.

<u>Puedes</u> entrenarte en hacer esto. (¡Fíjate en lo bien entrenados que estáis en <u>no</u> hacerlo!)

Gracias. Nunca nadie me había expuesto el proceso de una manera tan clara. Quisiera que fuera tan fácil de hacer como de decir; pero, al menos, creo que ahora lo entiendo con claridad.

Bueno. Si necesitas un repaso, disponemos de varias vidas.

5

¿Cuál es el auténtico camino hacia Dios? ¿La renuncia, como creen los yoguis? ¿Y el llamado sufrimiento? ¿Es el sufrimiento y el servicio la vía para llegar a Dios, como afirman muchos ascetas? ¿Ganaremos el cielo si «somos buenos», como enseñan tantas religiones? ¿O bien somos libres de actuar como queramos, de violar o ignorar cualquier norma, de dejar de lado todas las enseñanzas tradicionales, de sumergirse en la satisfacción inmoderada de todos los deseos, para así hallar el nirvana, como afirman muchos filósofos de la Nueva Era? ¿Cuál es el camino: unos patrones morales estrictos, o hacer lo que a uno le venga en gana? ¿Cuál: los valores tradicionales, o improvisar sobre la marcha? ¿Cuál: los Diez Mandamientos, o las Siete Etapas de la Iluminación?

Tienes una gran necesidad de que sea un camino u otro, ¿no? ¿No podrían ser todos ellos?

No lo sé. Es lo que te pregunto.

Te contestaré, pues, del modo que mejor puedas entenderlo; aunque déjame que te diga que la respuesta está dentro de ti. Se lo digo a todos aquellos que escuchan Mis palabras y buscan Mi Verdad.

Se manifiesta a todo corazón que se pregunte seriamente cuál es el camino hacia Dios; a cada uno le es dada una sincera Verdad. Ven a Mí por el camino de tu corazón, no a través del viaje de tu mente. Nunca Me encontrarás en tu mente.

Para conocer realmente a Dios, has de apartarte de tu mente.

Pero tu pregunta requiere una respuesta, y no quiero alejarme de la cuestión.

Empezaré con una afirmación que te asustará, y que quizá ofenda la sensibilidad de mucha gente. No existen los Diez Mandamientos, ni nada parecido.

¡Dios mío! ¿No?

No. ¿Quién habría de mandarlos? ¿Yo? ¿Y para qué se necesitarían tales mandamientos? Cualquier cosa que yo quiera, es. N'est ce pas? Entonces, ¿para que hace falta mandar nada?

Y, si yo hubiera promulgado mandamientos, ¿no se cumplirían automáticamente? ¿Cómo podría querer que algo fuera tan mal que Yo lo mandara, y luego me sentara y observara que no era así?

¿Qué clase de rey haría eso? ¿Qué clase de gobernante?

Pero déjame que te diga que Yo tampoco soy un rey ni un gobernante. Soy, simple y asombrosamente, el Creador. Pero el Creador no gobierna, sino que sencillamente crea; crea y sigue creando.

Yo os he creado a vosotros —y os he bendecido— a imagen y semejanza mía. Y os he hecho ciertas promesas y he establecido ciertos compromisos con vosotros. Os he dicho, en un lenguaje sencillo, qué pasará con vosotros cuando seáis uno conmigo.

Tú eres un buscador sincero, como lo era Moisés. También él, como sabes, se alzó frente a Mí pidiéndome respuestas. «¡Oh, Dios de Mis Padres —clamaba—, Dios mío, dígnate mostrarte a mí. Dame una señal que yo pueda contar a mi pueblo! ¿Cómo podemos saber que somos los elegidos?»

Y Yo acudí a Moisés, tal como ahora he acudido a ti, con una divina alianza —una eterna promesa—, un compromiso cierto y seguro. «¿Cómo puedo estar seguro?», preguntaba Moisés quejumbrosamente. «Porque Yo te lo he dicho —le respondí—. Tienes la Palabra de Dios.»

Y la palabra de Dios no era un mandamiento, sino una alianza. Éstos, pues, son los...

DIEZ COMPROMISOS

Sabrás que has emprendido el camino hacia Dios, y sabrás que has encontrado a Dios, porque se darán estas señales, estas indicaciones, estos cambios en ti:

1. Amarás a Dios con todo tu corazón, con toda tu mente, con toda tu alma. Y no tendrás más Dios que Yo. Dejarás de rendir culto al amor hu-

mano, o al éxito, al dinero o al poder, ni a ningún símbolo de éstos. Apartarás de ti esas cosas como un niño aparta los juguetes. No porque sean indignas, sino porque se te habrán quedado pequeñas.

Y sabrás que has emprendido el camino hacia Dios porque:

2. No usarás el nombre de Dios en vano. Ni me invocarás para frivolidades. Entenderás el poder de las palabras y de los pensamientos, y no pensarás en invocar el nombre de Dios de una manera impía. No utilizarás Mi nombre en vano porque no podrás hacerlo, puesto que Mi nombre —el Gran «Yo Soy»— nunca se usa en vano (es decir, sin resultado), ni puede usarse. Y cuando hayas encontrado a Dios, lo sabrás.

Y te daré también estas otras señales:

3. Te acordarás de reservarme un día, al que llamarás santo. Esto, para que lo que hagas no se quede en ilusión, sino que te haga recordar quién y qué eres. Y, luego, pronto llamarás a cada día Domingo, y a cada momento santo.

4. Honrarás a tu padre y a tu madre; y sabrás que eres el Hijo de Dios cuando honres a tu Padre/Madre Dios en todo lo que digas, hagas o pienses. Y en la medida en que honres a tu Padre/Madre Dios, y a tu padre y tu madre en la Tierra (pues ellos te han dado la vida), así también honrarás a todo el mundo.

5. Sabrás que has encontrado a Dios cuando sepas que no asesinarás (es decir, que no matarás deliberadamente y sin causa), pues, aunque sepas que en ningún caso puedes acabar con otra vida (toda vida es eterna), no querrás poner fin a ninguna encarnación concreta, ni cambiar ninguna energía vital de una forma a otra, sin la más sagrada justificación. Tu nuevo respeto por la vida hará que respetes todas las formas de vida —incluyendo las plantas y animales—, y sólo las alterarás si es en aras de un bien mayor.

Y también te enviará estas otras señales, para que sepas que te hallas en el camino:

6. No mancharás la pureza del amor con la falta de honradez y el engaño, puesto eso es adulterio. Te prometo que, cuando hayas encontrado a Dios, no cometerás adulterio.

7. No tomarás lo que no sea tuyo, ni cometerás fraude ni estafa, ni harás daño a otro para poseer algo, puesto que eso sería robar. Te prometo que, cuando hayas encontrado a Dios, no robarás.

Ni tampoco...

8. ... dirás algo que no sea verdad; y, por lo tanto, no levantarás falso testimonio.

Ni tampoco...

9. ... codiciarás a la esposa de tu prójimo; ya que, ¿por qué ibas a que-rer a la esposa de tu prójimo, si sabes que todas las demás son tus «espo-sas»?

10. ... codiciarás los bienes de tu prójimo; ya que, ¿por qué ibas a que-rer los bienes de tu prójimo, si sabes que todos los bienes pueden ser tu-yos, y que todos los bienes pertenecen al mundo?

Sabrás que has encontrado el camino hacia Dios cuando veas estas se-ñales, pues te prometo que nadie que realmente busque a Dios hará estas cosas durante mucho tiempo; sería imposible que continuara realizando estas conductas.

Estas son vuestras libertades, no vuestras restricciones; estos son mis compromisos, no mis mandamientos; puesto que Dios no manda sobre lo que ha creado, sino que simplemente dice a sus hijos: así es como sa-bréis que llegáis a casa.

Moisés preguntaba sinceramente: «¿Cómo puedo saberlo? Dame una señal». Formulaba la misma pregunta que tú plantees ahora. La misma cuestión que plantea todo el mundo, en cualquier lugar, desde el principio de los tiempos. Mi respuesta es igualmente eterna. Pero nunca ha sido, ni nunca será, un mandamiento. ¿A quién iba a mandar? ¿Y a quién iba a castigar si mis mandamientos no se cumplían?

Sólo a Mí mismo.

Entonces, no tengo que cumplir los Diez Mandamientos para ir al cielo...

No existe ese «ir al cielo» ni nada semejante. Sólo existe una certeza de que ya estás allí. Sólo existe una aceptación, un conocimiento; no un trabajo o un esfuerzo para merecerlo.

No puedes ir a un sitio si ya estás en él. Para hacerlo, tendrías que abandonar el sitio donde estás, y eso frustraría todo el propósito del viaje.

La ironía es que la mayoría de las personas creen que deben abando-nar el sitio donde están para alcanzar el lugar adonde quieren ir. Así, abandonan el cielo con el fin de alcanzar el cielo, cosa que hacen pasando por el infierno.

La iluminación consiste en entender que no hay ningún sitio adonde haya que ir, nada que se tenga que hacer, ni nadie que se tenga que ser, ex-cepto precisamente quien uno está siendo en este momento.

Estáis haciendo un viaje a ninguna parte.

El cielo —como lo llamáis— no está en ninguna parte. Y, de estarlo, está aquí y ahora.

¡Todo el mundo dice lo mismo! ¡Al final me volveré loco! Si «el cielo está aquí y ahora», ¿cómo es que no lo veo? ¿Por qué no lo percibo? ¿Y por qué el mundo es la porquería que es?

Entiendo tu frustración. Es casi tan frustrante tratar de entender todo esto como tratar de hacer *que alguien lo entienda.*

¡Eh! ¡Espera un momento! ¿Intentas decirme que Dios puede sentir frustración?

¿Quién crees que inventó *la frustración? ¿Imaginas acaso que vosotros podéis experimentar algo que Yo no pueda?*

Te lo aseguro: cualquier experiencia que vosotros tengáis, Yo la tengo. ¿No ves que me estoy experimentando a Mí mismo a través vuestro*? ¿Para qué otra cosa crees que es todo esto?*

De no ser por vosotros, Yo no podría conocerme a Mí mismo. Yo os creé de modo que pudiera conocer Quién Soy.

Ahora bien, no quisiera destruir todas vuestras ilusiones sobre Mí de golpe; así, te diré que en Mi forma más sublime, lo que vosotros llamáis Dios, no *experimento frustración.*

¡Vaya! ¡Eso está mejor! Por un momento, me habías asustado.

Pero no es porque no pueda, sino sencillamente porque no quiero. Por cierto que tú podrías tomar la misma decisión.

Bueno, frustrado o no, aún me pregunto cómo puede ser que el cielo esté aquí, y yo no lo experimente.

No puedes experimentar lo que no sabes. Y no sabes que estás en el «cielo» aquí y ahora porque no lo has experimentado. Y es que para ti es un círculo vicioso. No puedes —todavía no has encontrado la manera— experimentar lo que no sabes, y no puedes saber lo que no has experimentado.

Lo que te invita a hacer la iluminación es saber algo que no has experimentado y, así, experimentarlo. El saber abre la puerta a la experiencia, y tú crees que es al revés.

En realidad, sabes muchas más cosas de las que has experimentado. Pero simplemente no sabes que las sabes.

Por ejemplo, sabes que hay un Dios. Pero puede que no sepas que lo sabes, y, de este modo, sigues esperando *la experiencia. Y constantemente la estás teniendo. Pero la estás teniendo sin saberlo, lo cual es como no tenerla en absoluto.*

¡Chico, estamos moviéndonos en círculo!

Efectivamente. Tal vez, en lugar de movernos en círculo, deberíamos ser el propio círculo. Ese no sería un círculo vicioso, sino un círculo sublime.

¿Forma parte la renuncia de la auténtica vida espiritual?

Sí, puesto que al final todo Espíritu renuncia a lo que no es real, y nada de lo que alcanzas en la vida es real, salvo tu conversación conmigo. Sin embargo, no se requiere una renuncia en el sentido clásico de negación de sí mismo.

Un auténtico Maestro no «se priva» de nada. Un auténtico Maestro simplemente prescinde de ello, como haría con cualquier cosa que hubiera dejado de tener utilidad para él.

Hay quienes dicen que debes superar tus deseos. Yo te digo simplemente que los cambies. Lo primero supone una rigurosa disciplina; lo segundo, un divertido ejercicio.

Hay quienes dicen que, para conocer a Dios, debes superar todas las pasiones terrenales. Sin embargo, es suficiente con entenderlas y aceptarlas. Aquello a lo que te resistas, persistirá; aquello que mires, desaparecerá.

Quienes procuran tan insistentemente superar todas las pasiones terrenales, a menudo ponen en ello más empeño del que uno podría imaginar, con lo cual eso mismo *se convierte en su pasión. Tienen una «pasión por Dios»; pasión por conocerle. Pero una pasión siempre es una pasión, y cambiar una por otra no sirve para que desaparezca.*

Por lo tanto, no juzgues lo que sientes como apasionado. Simplemente obsérvalo, y luego mira a ver si te sirve en función de quién y qué quieres ser.

Recuerda que estás constantemente en el acto de crearte a ti mismo. En cada momento, estás decidiendo quién y qué quieres ser. Y, en gran parte, lo estás decidiendo a través de las opciones que tomas con respecto a quién y qué piensas que es apasionado.

Con frecuencia, una persona de la que dirías que sigue un camino espiritual parece que haya renunciado a toda pasión terrenal, a todo deseo humano. Lo que ha hecho es entenderlo, ver la ilusión, y prescindir de las pasiones que no le sirven; pero amando siempre la ilusión que le ha llevado hasta allí: la posibilidad de ser enteramente feliz.

La pasión es el amor convertido en acción. Es el combustible que alimenta el motor de la creación. Es el cambio de los conceptos a la experiencia.

La pasión es el fuego que nos lleva a expresar quienes realmente somos. Nunca niegues la pasión, pues eso equivale a negar Quién Eres y Quién Quieres Realmente Ser.

La renuncia nunca supone negar la pasión; supone simplemente no preocuparse por los resultados. La pasión es amor por el hacer. El hacer es ser _experimentado_. Pero ¿qué es lo que se crea a menudo como parte del hacer?: _expectativas_.

Vivir tu vida sin _expectativas_ —sin la necesidad de obtener unos resultados determinados—: eso es la libertad. Eso es la santidad. Así es como _Yo_ vivo.

¿Tú te preocupas por los resultados?

En absoluto. Mi alegría reside en la creación, no en sus consecuencias. La renuncia no es una decisión de negar la acción; es una decisión de negar la necesidad de obtener un determinado _resultado_. Hay una gran diferencia.

¿Podrías explicarme qué quieres decir cuando afirmas: «La pasión es el amor convertido en acción»?

El ser es el más alto estado de la existencia, su esencia más pura. Es el aspecto de Dios como «ahora y no ahora», «todo y no todo», «siempre y nunca».

El ser puro es la divinidad pura.

Sin embargo, nunca ha sido suficiente para nosotros simplemente _ser_. Siempre hemos suspirado por _experimentar_ Quiénes Somos; y ello requiere un aspecto totalmente distinto de la divinidad: el hacer.

Digamos que, en el fondo de vuestro maravilloso Yo, sois ese aspecto de la divinidad llamado amor. (Por cierto: esa es la Verdad acerca de vosotros.)

Ahora bien: una cosa es <u>ser</u> amor, y otra muy distinta <u>hacer un acto de amor. El alma anhela hacer algo de lo que es, con el fin de conocerse a sí misma en su propia experiencia. Así, tratará de realizar su más alta idea por medio de la acción.</u>

Este impulso a actuar es lo que se llama pasión. Mata la pasión, y matarás a Dios. La pasión es Dios que quiere manifestarse.

Pero es que, una vez Dios (o Dios-en-vosotros) hace ese acto de amor, Dios ya se ha realizado, y no necesita nada más.

El hombre, por su parte, a menudo siente que necesita un beneficio a cambio de su inversión. Si amamos a alguien, bien; pero mejor si también somos amados... y cosas por el estilo.

Eso no es pasión. Eso son <u>expectativas</u>.

He aquí la principal fuente de la infelicidad humana. Eso es lo que separa al hombre de Dios.

La renuncia aspira a poner fin a dicha separación por medio de la experiencia que algunos místicos orientales han llamado samadhi. *Es decir, la unidad y unión con Dios; la fusión con y en la divinidad.*

La renuncia, por lo tanto, <u>renuncia a los resultados</u>; pero nunca jamás renuncia a la pasión. En realidad, el Maestro sabe intuitivamente que la pasión es el camino; es la vía de la auto-realización.

Incluso en una perspectiva terrenal se puede afirmar con bastante exactitud que, si uno no siente pasión por nada, no tiene vida en absoluto.

Antes has dicho: «Aquello a lo que te resistas, persistirá; aquello que mires, desaparecerá». ¿Puedes explicármelo?

No puedes resistirte a algo sin que ello implique darle realidad. El acto de resistirse a una cosa es el acto de darle vida. Cuando te resistes a una energía, reconoces que está ahí. Cuanto más te resistas a algo, más real lo harás, <u>sea lo que sea</u> aquello a lo que te resistas.

Aquello ante lo cual abras los ojos y lo mires, desaparecerá; es decir, <u>dejará de mostrar su forma ilusoria.</u>

Si tú miras algo —lo miras realmente—, verás <u>a su través</u>; y, a través de cualquier ilusión que muestre, aparecerá ante tus ojos sólo su realidad última. Frente a la realidad última, tu insignificante ilusión no tiene ningún poder. No puede seguir manteniendo su poder debilitador sobre ti. Verás su <u>verdad</u>, y la verdad te hará libre.

Pero ¿qué ocurre si no *quieres* que desaparezca lo que estás mirando?

. ¡*Debes quererlo siempre! No hay nada que conservar en vuestra realidad. Pero si escoges la ilusión de tu vida antes que la realidad última, puedes simplemente recrearla, tal como la creaste en un principio. De este modo, puedes tener en tu vida aquello que decidas tener, y eliminar de tu vida aquello que ya no desees experimentar.*

Pero nunca te resistas a nada. Si piensas que por medio de tu resistencia la eliminarás, piensa otra vez. Lo único que harás es colocarla con más firmeza en su lugar. ¿No te he dicho ya que todo pensamiento es creador?

¿Incluso un pensamiento que diga que no quiero algo?

Si no lo quieres, ¿por qué piensas en ello? No le concedas un segundo pensamiento. Pero si debes pensar en ello —es decir, si no puedes dejar de pensar en ello—, entonces no te resistas. En lugar de ello, mira a lo que sea directamente, acepta su realidad como creación tuya, y luego decide mantenerlo o no, según desees.

¿De qué dependería esa decisión?

De Quién y Qué piensas que Eres. Y de Quién y Qué decides Ser.
De esto es de lo que depende toda decisión, cualquier decisión que hayas tomado en tu vida y puedas tomar en el futuro.

Así, una vida de renuncia ¿es un camino equivocado?

No exactamente. El término «renuncia» tiene un significado equívoco. En realidad, no puedes renunciar a nada, pues aquello a lo que te resistes, persistirá. La auténtica renuncia no renuncia a nada; simplemente escoge de forma distinta. Se trata de un movimiento hacia algo, no de un alejamiento de algo.

No puedes alejarte de algo, pues te perseguirá y volverá una y otra vez. Por lo tanto, no te resistas a la tentación; simplemente, apártate de ella. Acércate a Mí y apártate de cualquier cosa distinta de Mí.

Pero debes saber esto: no existen los caminos equivocados, puesto que en este viaje no puedes «dejar de ir» adonde vas.

Es simplemente una cuestión de velocidad, sencillamente una cues-
tión de <u>cuándo</u> llegarás; pero también eso es una ilusión, ya que no existe
el «<u>cuándo</u>», como tampoco existen el «antes» o el «después». Sólo existe
el ahora; un eterno momento del siempre en el que te experimentas a ti
mismo.

Entonces ¿qué sentido tiene? Si *no* hay ningún camino que «recorrer», ¿qué sentido tiene la vida? ¿Para qué debemos preocuparnos por
nada de lo que hagamos?

Bueno. Por supuesto, <u>no debéis</u>; pero <u>haríais bien</u> estando atentos.
Simplemente, observad quiénes y qué sois, hacéis y tenéis, y mirad a ver
si eso os sirve.
<u>El sentido de la vida no es ir a un lugar; es darse cuenta de que ya</u>
<u>estáis allí, y siempre habéis estado. Estás, constantemente y para siem-</u>
<u>pre, en el momento de creación pura. El sentido de la vida es, pues,</u>
<u>crear quiénes y qué sois, y luego</u> experimentarlo.

6

¿Y qué ocurre con el sufrimiento? ¿Es el sufrimiento el camino hacia Dios? Algunos dicen que es el único camino...

A mí no me gusta el sufrimiento, y si alguien dice lo contrario es que no me conoce.

El sufrimiento es un aspecto innecesario de la experiencia humana. No sólo es innecesario; es también insensato, desagradable y peligroso para la salud.

Entonces, ¿por qué hay tanto sufrimiento? ¿Por qué Tú, si eres Dios, no le pones fin, ya que tanto te desagrada?

Ya le he puesto fin. Pero sencillamente os negáis a utilizar las herramientas que os he dado para hacerlo.

Y es que el sufrimiento no tiene nada que ver con los acontecimientos, sino con cómo reacciona uno ante ellos.

Lo que sucede es meramente lo que sucede. Pero lo que uno piense de ello es otra cuestión.

Yo os he dado las herramientas con las que responder y reaccionar ante los acontecimientos de modo que el dolor disminuya —en realidad, se elimine—, pero no las habéis utilizado.

Perdona, pero ¿por qué no eliminas los *acontecimientos*?

Una buena pregunta. Desgraciadamente, Yo no los controlo en absoluto.

¿Que no los controlas en absoluto?

Por supuesto que no. Los acontecimientos son sucesos en el tiempo y el espacio que vosotros producís por decisión propia; y Yo nunca interferiré en vuestras decisiones. Hacerlo equivaldría a ignorar la propia razón de haberos creado. Pero todo esto ya lo he explicado antes.

Algunos acontecimientos los producís intencionadamente, y otros los atraéis más o menos conscientemente. Algunos de ellos —los grandes desastres naturales se hallan entre los que incluís en esta categoría— los atribuís al «destino».

Sin embargo, el «destino» no es más que el conjunto de todos los pensamientos; en otras palabras, la conciencia del planeta.

La «conciencia colectiva»...

Precisamente. Eso es.

Hay quienes dicen que el mundo tiene los días contados. Nuestra ecología está agonizando. Nuestro planeta se encamina hacia un gran desastre geofísico: terremotos; volcanes; quizás incluso un cambio en la inclinación del eje terrestre. Y hay otros que afirman que la conciencia colectiva puede cambiar todo eso; que podemos salvar a la Tierra con nuestros pensamientos.

Los pensamientos se convierten en acción. Si un número suficiente de personas creen que se debe hacer algo en auxilio del medio ambiente, salvaréis a la Tierra. Pero debéis apresuraros, pues se ha hecho ya mucho daño y durante mucho tiempo. Y se requerirá un gran cambio de actitud.

¿Quieres decir que, si no lo hacemos, veremos cómo la Tierra es destruida, junto con sus habitantes?

Yo he hecho las leyes del universo físico lo bastante claras como para que cualquiera pueda entenderlas. Hay leyes de causa y efecto que ya han aparecido suficientemente clarificadas a vuestros científicos, a vuestros físicos, y, a través de ellos, a vuestros líderes mundiales. No es necesario clarificar dichas leyes una vez más.

Volvamos al sufrimiento. ¿De dónde hemos sacado la idea de que el sufrimiento es *bueno*, de que el santo «sufre en silencio»?

El santo sí «sufre en silencio», pero eso no significa que el sufrimiento sea bueno. Los aprendices de Maestro sufren en silencio porque entienden que el sufrimiento no es el camino hacia Dios, sino más bien un signo cierto de que todavía les queda algo que <u>aprender</u> en el camino hacia Dios; algo que recordar.

El <u>auténtico</u> Maestro no sufre en silencio en absoluto, sino que únicamente parece estar sufriendo sin quejarse. La razón de que el auténtico Maestro no se queje es que el auténtico Maestro <u>no está sufriendo</u>, sino simplemente experimentando una serie de circunstancias que vosotros llamaríais <u>insoportables</u>.

Un Maestro practicante no habla de sufrimiento, sencillamente porque <u>entiende claramente</u> el <u>poder de la Palabra</u>; por tanto, simplemente decide <u>no hablar de ello</u>.

Hacemos real aquello a lo que prestamos atención. Y el Maestro lo sabe. El Maestro se reconoce en que escoge aquello que decide hacer real.

Todos vosotros lo hacéis de vez en cuando. No hay ninguno de vosotros que no haya hecho desaparecer un dolor de cabeza, o que una visita al dentista haya resultado menos dolorosa, <u>por medio de una decisión al respecto</u>.

Un Maestro simplemente toma la misma decisión en asuntos de mayor importancia.

Pero ¿por qué sufrimos? ¿Por qué tenemos siquiera la *posibilidad* de sufrir?

No podéis conocer, ni llegar a ser, aquello que sois, en ausencia de aquello que no sois, tal como ya te he explicado.

Sigo sin entender por qué tenemos la idea de que el sufrimiento es bueno.

Actúas con buen juicio al insistir en esta pregunta. El saber originario en torno a la cuestión de sufrir en silencio se ha pervertido de tal modo que actualmente muchos creen (y varias religiones realmente <u>enseñan</u>) que el sufrimiento es <u>bueno</u>, y la alegría es <u>mala</u>. Por lo tanto, habéis decidido que, si alguien tiene cáncer y no se lo dice a nadie, es un santo; y, *en cambio, si alguien posee una sexualidad vigorosa (por elegir un tema explosivo) y lo celebra abiertamente, es una pecadora.*

¡Chico, realmente has elegido un tema explosivo! Además, has cambiado hábilmente el pronombre de masculino a femenino. ¿Con qué idea lo has hecho?

Con la de mostrarte vuestros prejuicios. No os gusta pensar en que una mujer <u>tenga</u> una sexualidad vigorosa, y mucho menos en que lo celebre abiertamente.

<u>Preferiríais ver a un hombre agonizando sin un gemido en el campo de batalla que a una mujer haciendo el amor con muchos gemidos en la calle.</u>

¿Tú no?

Yo no tengo ningún juicio respecto a lo uno o lo otro. Pero vosotros tenéis toda una serie de juicios; y te diría que son vuestros juicios los que impiden vuestra alegría, y vuestras expectativas las que os hacen infelices.

Todo esto junto es lo que causa vuestro mal-estar, y, en consecuencia, da origen a vuestro sufrimiento.

¿Cómo sé que lo que dices es cierto? ¿Cómo sé siquiera que es Dios quien me habla, y no mi propia imaginación hiperactiva?

Eso ya me lo has preguntado antes. Y mi respuesta es la misma. ¿Qué diferencia hay? Aunque todo lo que te he dicho estuviera «equivocado», ¿se te ocurre un modo mejor de vivir?

No.

¡Entonces, lo «equivocado» es <u>correcto</u>, y lo «correcto» es equivocado!

Déjame que te diga algo, para ayudarte en tu dilema: no te creas nada de lo que te diga. Simplemente, <u>vívelo. Experiméntalo.</u> Luego vive cualquier otro paradigma que quieras construir. Después, ten en cuenta tu <u>experiencia</u> a la hora de encontrar tu verdad.

Un día, si tienes mucho valor, experimentarás un mundo en el que hacer el amor se considerará mejor que hacer la guerra. Ese día te regocijarás.

7

¡La vida causa tanto espanto!, ¡y es tan confusa! Quisiera que las cosas fueran más claras.

La vida no tiene nada de espantoso si no te preocupas por los resultados.

Quieres decir si no deseas nada...

Exacto. Elige, pero no desees.

Eso resulta muy fácil para aquellas personas que no tienen a nadie que dependa de ellas. Pero ¿qué pasa si uno tiene esposa e hijos?

El camino de la familia siempre ha sido un camino muy estimulante; quizás el más estimulante. Como tú dices, resulta muy fácil «no desear nada» cuando sólo te has de preocupar de ti mismo. Cuando tienes a otras personas a las que quieres, es natural desear sólo lo mejor para ellas.

Resulta doloroso no poder darles todo lo que quisieras que tuvieran. Un hogar agradable, ropa decente, comida suficiente... Me siento como si hubiera estado luchando durante veinte años sólo para vivir siempre haciendo equilibrios. Y al final para nada.

¿Te refieres a la riqueza material?

Me refiero a algunas de las cosas básicas que un hombre quisiera dar a sus hijos. Me refiero a algunas de las cosas sencillas que un hombre quisiera dar a su mujer.

Ya veo. Consideras que tu tarea en la vida es proporcionarles todas esas cosas. ¿Imaginas que es eso en lo que consiste tu vida?

No estoy seguro de haberlo planteado de ese modo. No es que mi vida *consista* en eso, pero ciertamente estaría bien que, al menos, eso fuera un *subproducto.*

Bien. Entonces, volvamos a ello. ¿En qué crees que <u>consiste</u> tu vida?

Esa es una buena pregunta. A lo largo de los años he tenido distintas respuestas a ella.

¿Cuál es tu respuesta en este momento?

Me parece tener dos respuestas a la pregunta: la respuesta a en qué *me gustaría* creer que consiste, y la respuesta a en qué creo que consiste.

¿Cuál es la respuesta a en qué te <u>gustaría</u> creer que consiste?

Me gustaría creer que mi vida consiste en la evolución de mi alma. Me gustaría creer que mi vida consiste en expresar y experimentar la parte de mí que más amo; la parte de mí que es compasión y paciencia, entrega y ayuda; la parte de mí que es conocimiento y sabiduría, perdón y... amor.

¡Suena como si hubieras estado leyendo este libro!

Sí, y, desde luego, es un libro maravilloso a nivel esotérico; pero estoy tratando de comprender cómo «practicarlo». La respuesta a tu pregunta acerca de en qué creo realmente que consiste mi vida es que consiste en sobrevivir día a día.

¡Ah! ¿Y crees que una cosa excluye a la otra?

Bueno...

¿Crees que lo esotérico excluye la supervivencia?

La verdad es que me gustaría hacer algo más que sobrevivir. He estado sobreviviendo todos estos años; y considero que todavía lo estoy. Pero quisiera que la lucha por la vida terminara. Considero que ir tirando día a día es también una lucha. Quisiera hacer algo más que sobrevivir. Quisiera *prosperar*.

¿Y a qué llamarías prosperar?

A tener lo suficiente para no tener que preocuparme de cómo conseguiré mi próximo dólar; a que no me suponga una tensión y un esfuerzo el simple hecho de pagar al alquiler o la factura del teléfono. Quiero decir que lamento ser tan trivial, pero estamos hablando de la vida real, y no de cuentos de hadas, o del romántico cuadro de la vida que describes en este libro.

Detecto un cierto enfado...

No tanto enfado como frustración. He seguido el juego espiritual durante más de veinte años, y mira lo que he conseguido: ¡un cheque del asilo de pobres! Y ahora acabo de perder mi trabajo, y parece que el flujo de dinero en efectivo ha cesado *de* nuevo. Estoy realmente cansado de luchar. Tengo cuarenta y nueve años, y me gustaría tener alguna seguridad en la vida para poder dedicar más tiempo a «la esencia de Dios», la «evolución» del alma, etc. Ahí es donde está mi corazón, pero no es adonde mi vida me permite dirigirme...

Bueno, todo eso está muy bien dicho; y además sospecho que hablas en nombre de toda una serie de personas que comparten la misma experiencia.
Voy a responder a tu sinceridad frase por frase, de modo que podamos rastrear con facilidad la respuesta, y examinarla detalladamente.
Tú no has seguido «el juego espiritual» durante veinte años, sino que apenas has estado rozando sus orillas. (Por cierto, esto no es un reproche, sino únicamente la afirmación de una verdad.) Te concederé que durante dos décadas has estado <u>contemplándolo</u>; <u>coqueteando</u> con él; <u>experimentándolo</u> de vez en cuando... pero Yo no he percibido tu auténtico —tu más auténtico— <u>compromiso</u> con el juego hasta hace muy poco.
Que quede claro que <u>«seguir el juego espiritual» significa dedicar toda tu mente, todo tu cuerpo, toda tu alma, al proceso de crearte a Ti mismo a imagen y semejanza de Dios.</u>

Este es el proceso de Auto-realización sobre el que han escrito los místicos orientales. Y es el proceso de salvación del que se han ocupado muchos teólogos occidentales.

Se trata de un acto de suprema conciencia realizado día a día, hora a hora, momento a momento. Es una elección, y una re-elección, en cada instante. Es una continua creación. Una creación <u>consciente</u>; creación con un <u>propósito</u>. Se trata de utilizar las herramientas de creación de las que hemos hablado, y de utilizarlas conscientemente y con una sublime intención.

Eso es «participar en el juego espiritual». Entonces, ¿cuánto tiempo llevas dedicado a ello?

Ni siquiera he empezado.

Tampoco te vayas de un extremo al otro, y no seas tan duro contigo mismo. Tú <u>sí</u> te has dedicado a este proceso, y en realidad estás más metido en él de lo que crees. Pero no has estado haciéndolo durante veinte años, ni nada parecido. Sin embargo, lo cierto es que no es importante cuánto tiempo lleves dedicado a ello. ¿Lo estás <u>ahora</u>?: eso es lo que cuenta.

Vayamos a tu afirmación. Dices que «mire lo que has conseguido», y te describes a ti mismo a punto de ir a parar al «asilo de pobres». Pero te miro, y lo que veo es otra cosa bastante distinta. ¡Veo a una persona que está a punto de ir a parar a una espléndida casa! Crees que tienes un cheque del olvido, y Yo veo que tienes un cheque del Nirvana. Aunque, por supuesto, ello depende en gran medida de cuál creas que es tu «paga», y a qué fin encamines tu labor.

Si el objeto de tu vida es adquirir lo que tú llamas seguridad, veo y entiendo por qué sientes que tienes «un cheque del asilo de pobres». Sin embargo, incluso esta afirmación está sujeta a rectificación, puesto que con Mi «paga» <u>todo</u> lo bueno vendrá a ti, incluida la experiencia de sentirte seguro en el mundo.

Mi «paga» —el pago que obtienes cuando «trabajas para» Mí— proporciona mucho más que bienestar espiritual. También puedes obtener bienestar <u>físico</u>. Pero la parte irónica del asunto es que, una vez que experimentes la clase de bienestar espiritual que Mi pago proporciona, te darás cuenta de que lo último que te preocupará será el bienestar físico.

Incluso el bienestar físico de los miembros de tu familia dejará de preocuparte, ya que, una vez alcances un determinado nivel de conciencia de Dios, entenderás que no eres responsable de ninguna otra alma humana, y que, si bien es digno de encomio querer que todas las almas gocen de bienestar, cada una de ellas debe elegir —*está eligiendo*— su propio destino en cada momento.

Es obvio que maltratar o destruir deliberadamente a otra persona no es precisamente la acción más elevada. Es obvio que resulta igualmente inapropiado descuidar las necesidades de quienes has hecho que dependan de ti.

Tu tarea consiste en hacer que sean *independientes*; en enseñarles —del modo más rápido y completo posible— *cómo prescindir de ti*. No les favoreces mientras te necesiten para sobrevivir, sino sólo, y realmente, en el momento en que se den cuenta de que no te necesitan.

En el mismo sentido, el momento más importante para Dios será aquel en que os deis cuenta de que *no necesitáis a ningún Dios.*

Sí, ya lo sé... esto es la antítesis de todo lo que siempre habéis pensado. Pero vuestros maestros os han hablado de un Dios colérico y envidioso, de un Dios que necesita que le necesiten. Y eso no es un Dios en absoluto, sino un neurótico sustituto de lo que sería una deidad.

Un auténtico Maestro no es aquel que tiene más discípulos, sino aquel que crea más Maestros.

Un auténtico líder no es aquel que cuenta con más seguidores, sino aquel que crea más líderes.

Un auténtico rey no es aquel que tiene más súbditos, sino aquel que hace que la mayoría de ellos accedan a la realeza.

Un auténtico profesor no es aquel que posee más conocimiento, sino aquel que logra que la mayoría de sus semejantes alcancen el conocimiento.

Y un auténtico Dios no es Aquel que cuenta con el mayor número de siervos, sino Aquel que sirve al mayor número de ellos, haciéndoles, así, Dioses.

Este es, pues, el propósito y la gloria de Dios: que Sus súbditos dejen de serlo, y que todos conozcan a Dios no como lo inalcanzable, sino como lo inevitable.

Quisiera que entendieras esto: vuestro destino feliz es *inevitable*. No podéis *dejar de* «salvaros». No hay más infierno que ignorar esto.

Así pues, con vuestros padres, esposas y personas queridas, debéis tratar de no hacer de vuestro amor un pegamento que liga, sino más bien un imán que primero atrae, pero que luego se gira y repele, para que aquellos a quienes atrae no empiecen a creer que necesitan estar pegados a vosotros para sobrevivir. Nada puede estar más lejos de la verdad. Nada puede resultar más perjudicial para los demás.

Deja que tu amor <u>lance</u> a tus seres queridos al mundo, y a experimentar plenamente quiénes son. Si haces esto, habrás amado verdaderamente.

Este modo de ser cabeza de familia constituye un gran reto. Hay muchas distracciones, muchas preocupaciones mundanas. Ninguna de ellas preocupa a un asceta. Le llevan su pan y su agua, le dan la humilde estera en la que acostarse, y puede dedicar todas sus horas al rezo, a la meditación y la contemplación de lo divino. ¡Qué fácil resulta contemplar lo divino en estas circunstancias! ¡Qué tarea tan sencilla! ¡Ah, pero dale una esposa e hijos! ¡Contempla lo divino en un bebé al que hay que cambiar a las tres de la madrugada! ¡Contempla lo divino en una factura que hay que pagar a primeros de mes! ¡Reconoce la mano de Dios en la enfermedad que contrae tu esposa, en el trabajo que acabas de perder, en la fiebre de tu hijo, en el dolor de tus padres! ¡Ahora es cuando hablamos de santidad!

Entiendo tu fatiga. Sé que estás cansado de luchar. Pero te aseguro una cosa: cuando Me sigues a Mí, la lucha desaparece. Vive en tu espacio divino, y todos y cada uno de los acontecimientos serán bendiciones.

¿Cómo puedo conseguir mi espacio divino cuando acabo de perder mi trabajo, hay que pagar el alquiler, los chicos necesitan ir al dentista, y permanecer en mi elevado y filosófico espacio parece el modo menos probable de resolver todo esto?

No Me abandones cuando más Me necesitas. Esta es la hora de tu mayor prueba. Este es el momento de tu mayor oportunidad. Se trata de la oportunidad de demostrarte a ti mismo lo que aquí se ha escrito.

Cuando te digo «no Me abandones», parezco ese Dios necesitado y neurótico del que hemos hablado. Pero no lo soy. Puedes «abandonarme» si quieres. No me importa, y no cambiará nada entre nosotros. Simplemente te lo digo como una respuesta a tus preguntas. Cuando las cosas se ponen mal es cuando más a menudo olvidáis <u>Quiénes Sois</u> y las <u>herramientas</u> que os he dado para que creéis la vida tal como decidáis.

Este es, más que nunca, el momento de ir a tu espacio divino. En primer lugar, te proporcionará una gran paz de espíritu; de un espíritu sosegado surgen grandes ideas, y dichas ideas pueden constituir las soluciones a los mayores problemas que te imagines que vas a tener.

En segundo lugar, tu espacio divino es el lugar donde te Auto-realizas, y ese es el propósito —el <u>único</u> propósito— de tu alma.

Cuando te hallas en tu espacio divino, sabes y comprendes que todo lo que estás experimentando en ese momento es transitorio. Te aseguro que el cielo y la Tierra pasarán, pero tú no pasarás. Esta perspectiva eterna te ayuda a ver las cosas en su verdadera dimensión.

Puedes definir las condiciones y circunstancias presentes como lo que realmente son: transitorias y temporales. De este modo puedes utilizarlas como herramientas —puesto que de eso se trata: de herramientas transitorias y temporales— en la creación de la experiencia presente.

¿Quién piensas realmente que eres? En relación a la experiencia llamada «perder el trabajo», ¿quién piensas que eres? Y, lo que quizás viene más al caso, ¿quién piensas que soy Yo? ¿Imaginas acaso que se trata de un problema demasiado grande como para que Yo pueda resolverlo? ¿Requiere salir de este aprieto un milagro demasiado grande como para que Yo pueda realizarlo? Entiendo que puedas pensar que es demasiado grande como para que tú puedas realizarlo, incluso con todas las herramientas que te he dado; ¿pero realmente piensas que lo es para Mí?

Intelectualmente sé que no es una tarea demasiado grande para Dios. Pero emocionalmente supongo que no puedo estar seguro; no tanto de que *puedas* como de que *quieras* hacerlo.

Ya veo. Entonces, es una cuestión de fe.

Sí.

No pones en cuestión Mi capacidad de hacerlo; simplemente dudas de Mi deseo.

Fíjate, todavía me identifico con esa teología que afirma que en alguna parte puede haber una lección para mí. Pero no estoy seguro de que deba tener una solución. Tal vez debo tener el problema. Quizás se trate de una de esas «pruebas» de las que mi teología me sigue hablando. Así, me preocupa que este problema pueda no tener solución; que vayas a dejarme colgado...

Quizás este sea un buen momento para revisar una vez más cómo interactuamos tú y Yo, ya que tú crees que se trata de mi deseo, y Yo te digo que se trata del tuyo.

Yo quiero para ti lo que tú quieres para ti. Nada más y nada menos.

Yo no llego y juzgo, petición tras petición, acerca de si debo conceder algo o no.

Mi ley es la ley de causa y efecto; no la ley del «ya veremos». No hay nada que no puedas tener si decides tenerlo. Te lo habré dado incluso antes de que me lo pidas. ¿Lo crees?

No. Lo siento. He visto demasiadas oraciones sin respuesta.

No lo sientas. Quédate siempre con la verdad; la verdad de tu experiencia. Lo entiendo. Lo respeto. Y Me parece bien.

De acuerdo, puesto que *no* creo que vaya a obtener cualquier cosa que pida. Mi vida no ha constituido precisamente un testimonio en ese sentido. En realidad, *raramente* obtengo lo que pido. Y cuando lo obtengo, me considero un maldito afortunado.

He aquí una interesante combinación de palabras. Al parecer, tienes dos opciones. En tu vida puedes ser o bien un maldito afortunado, o bien un bendito afortunado. Yo preferiría que fueras un bendito afortunado; pero, por supuesto, nunca interferiré en tus decisiones.

Te lo aseguro: tú siempre obtienes lo que creas, y constantemente estás creando.

Yo no juzgo las creaciones que tú haces aparecer; simplemente te capacito para que hagas aparecer más, y más, y más... Si no te gusta lo que acabas de crear, elige otra vez. Mi tarea, en cuanto Dios, consiste en darte siempre esa oportunidad.

Ahora me dices que no siempre has obtenido lo que querías. Pero te diré que siempre has obtenido lo que has provocado.

Tu Vida es siempre el resultado de tus pensamientos acerca de ella, incluyendo tu pensamiento —obviamente creador— de que rara vez obtienes lo que quieres.

Ahora, en este caso concreto, te ves a ti mismo como víctima de la situación al haber perdido tu trabajo. Pero lo cierto es que ya no querías ese trabajo. Dejaste de levantarte por la mañana con esperanza, y empezaste a levantarte con miedo. Dejaste de estar contento con tu trabajo, y empezaste a sentir resentimiento. Incluso empezaste a imaginarte haciendo otra cosa distinta.

¿Crees que todo eso no significa nada? No comprendes tu poder. Te lo aseguro: Tu vida se desarrolla según tus intenciones sobre ella.

Entonces, ¿cuál es tu intención ahora? ¿Tienes la intención de probar tu teoría de que la vida rara vez te da lo que quieres? ¿O de demostrar Quién Eres Realmente y Quién Soy Yo?

Me siento desazonado. Castigado. Desconcertado.

¿Y de qué te sirve? ¿Por qué no reconoces simplemente la verdad cuando la oyes, y acudes a ella? No hay ninguna necesidad de que te recrimines a ti mismo. Sencillamente observa lo que has estado eligiendo, y elige de nuevo.

Pero ¿por qué siempre estoy tan predispuesto a escoger lo negativo?, ¿y luego a recriminarme a mí mismo por ello?

¿Y qué otra cosa podías esperar? Desde tus primeros años te han dicho que eres «malo». Aceptaste que habías nacido en «pecado». Sentirse culpable es una <u>respuesta aprendida</u>. Te han dicho que debes sentirte culpable por cosas que habías hecho antes de que pudieras hacer nada. Te han enseñado a avergonzarte de no haber nacido perfecto.

Este supuesto estado de imperfección en el que decís que habéis venido a este mundo es lo que vuestros teóricos religiosos tienen el descaro de llamar pecado original. Y es un pecado original; pero no vuestro. Es el primer pecado perpetrado sobre vosotros por un mundo que no sabe nada de Dios desde el momento en que piensa que Dios querría —o <u>podría</u>— crear <u>algo</u> imperfecto.

Algunas de vuestras religiones han elaborado verdaderas teologías en torno a esta equivocación. Pues eso es lo que es: <u>literalmente, una equivocación, puesto que todo aquello que concibo —y todo aquello a lo que doy la vida— es perfecto: un perfecto reflejo de la propia perfección, hecho a imagen y semejanza mía.</u>

Sin embargo, con el fin de justificar la idea de un Dios punitivo, vuestras religiones necesitan crear algo por lo que Yo tenga que estar enfadado. Así, incluso aquellas personas que llevan una vida ejemplar necesitan ser salvadas de algún modo. Si no necesitan ser salvadas de sí mismas, entonces necesitan ser salvadas de su propia <u>imperfección interior</u>. Así —afirman tales religiones—, es mejor que hagáis *algo al respecto, y rápido, o iréis directamente al infierno.*

Todo eso, en fin, no puede hacer nada para aplacar a un Dios extraño, colérico y vengativo, pero sí da origen a unas <u>religiones</u> extrañas, coléri-

cas y vengativas. De este modo, las religiones se perpetúan a sí mismas. De este modo, el poder sigue estando concentrado en manos de unos pocos, en lugar de convertirse en una experiencia al alcance de muchos.

Por <u>supuesto</u>, constantemente elegís el menor pensamiento, la idea más pequeña, el más minúsculo concepto de vosotros mismos y de vuestro poder, por no hablar del concepto de Mí y de Mi poder. Así os lo han <u>enseñado</u>.

¡Dios mío!, ¿y cómo puedo contrarrestar esas enseñanzas?

¡Esa es una buena pregunta, y dirigida a la persona correcta!

Puedes contrarrestarlas leyendo y releyendo este libro. Léelo una y otra vez. Hasta que entiendas cada párrafo. Hasta familiarizarte con cada palabra. Cuando puedas citar sus pasajes a otros, cuando puedas traer sus frases a tu mente en tus horas más negras, entonces habrás «contrarrestado las enseñanzas».

Pero hay todavía muchas cosas que quiero preguntarte; hay aún muchas cosas que quiero saber.

¡Claro! Empezaste con una lista de preguntas muy larga. ¿Volvemos a ella?

8

¿Cuándo aprenderé lo suficiente sobre las relaciones como para que las mías vayan sobre ruedas? ¿Hay alguna manera de *ser* feliz en las relaciones? ¿Acaso deben suponer constantemente una prueba?

No tienes nada que aprender sobre las relaciones. Únicamente has de manifestar lo que ya sabes.

Hay una manera de ser feliz en las relaciones y: consiste en utilizarlas para el fin que les es propio, y no para el que tú les has designado.

Las relaciones son una prueba constante; constantemente invitan a crear, expresar y experimentar las más elevadas facetas de ti mismo, las mayores visiones de ti mismo, las más magníficas versiones de ti mismo. En ninguna otra parte puedes realizar esto de un modo más inmediato, efectivo e inmaculado que en las relaciones. En realidad, si no fuera por las relaciones no podrías realizarlo en absoluto.

Sólo a través de tus relaciones con otras personas, lugares y acontecimientos puedes existir (como una cantidad cognoscible, como algo identificable) en el universo. Recuérdalo: en ausencia de algo distinto, tú no eres. Eres únicamente lo que eres en relación a otra cosa que no es. Así es en el mundo de lo relativo, a diferencia del mundo de lo absoluto, en el que Yo habito.

Cuando entiendes esto con claridad, cuando lo comprendes en profundidad, entonces bendices intuitivamente todas y cada una de tus experiencias, todo encuentro humano, y especialmente las relaciones personales humanas, pues las ves como algo constructivo en su más alto sentido. Ves que pueden utilizarse, que deben utilizarse, que se utilizan (lo quieras o no), para construir Quien Realmente Eres.

Esta construcción puede ser una magnífica creación de tu propio de-

signio consciente, o una estricta configuración de los acontecimientos. Puedes elegir ser una persona que sea producto simplemente de lo que haya acontecido, o de lo que hayas elegido <u>ser</u> y <u>hacer</u> en función de lo que haya acontecido. Es en esta última forma en la que la creación del Yo se hace consciente. Es en la segunda experiencia en la que el Yo se realiza.

Bendice, por tanto, <u>toda</u> relación, y considera cada una de ellas como especial y constitutiva de Quien Realmente Eres y ahora eliges ser.

Ahora bien, tu pregunta alude a las relaciones humanas individuales de tipo romántico, cosa que entiendo. De modo que permíteme referirme, específicamente y por extenso, a las relaciones amorosas humanas, ¡ese asunto que sigue dándote tantas preocupaciones!

Cuando las relaciones amorosas humanas fracasan (en realidad, las relaciones nunca fracasan, excepto en el sentido estrictamente humano de que no producen el resultado que quieres), es porque se habían iniciado por una razón equivocada.

(Por supuesto, «equivocado» es un término relativo, que significa algo opuesto a lo que es «correcto», sea <u>lo que sea</u>. Resultaría más exacto, en vuestro lenguaje, decir «las relaciones fracasan —cambian— más a menudo cuando se han iniciado por razones no totalmente beneficiosas o que conduzcan a su supervivencia».)

La mayoría de la gente inicia las relaciones con las miras puestas en lo que puede sacar de ellas, en lugar de en lo que puede aportar a ellas.

<u>El objetivo de una relación es decidir qué parte de ti mismo quisieras ver «descubierta»; no qué parte de la otra persona puedes capturar y conservar.</u>

Sólo puede haber un objetivo para las relaciones, y para toda la vida: *ser y decidir Quien Realmente Sois.*

Resulta muy romántico decir que tú no eras «nada» hasta que llegó esa otra persona tan especial; pero no es cierto. Y, lo que es peor, supone una increíble presión sobre esa persona, forzándole a ser toda una serie de cosas que no es.

Al no querer «desengañarte», trata con gran esfuerzo de ser y hacer esas cosas, hasta que ya no puede más. Ya no puede completar el retrato que te has forjado de él o ella. Ya no puede desempeñar el papel que se le ha asignado. Surge el resentimiento. Y después la cólera.

Finalmente, para salvarse a sí misma (y la relación), esa otra persona especial empieza a recuperar su auténtico yo, actuando más de acuerdo con Quien Realmente Es. Y en ese momento es cuando dices que «realmente, ha cambiado».

Resulta muy romántico decir que, ahora que esa otra persona especial ha entrado en tu vida, te sientes completo. <u>Pero el objetivo de la relación no es tener a otra persona que te complete, sino tener a otra persona con la que compartir tu completitud.</u>

He aquí la paradoja de todas las relaciones humanas: no necesitáis a una determinada persona para experimentar plenamente Quiénes Sois, y... sin un otro, no sois nada.

Aquí radica a la vez el misterio y el prodigio, la frustración y la alegría de la experiencia humana. Requiere un conocimiento profundo y una total voluntad vivir en esta paradoja de un modo que tenga sentido. Y observo que muy pocas personas lo hacen.

La mayoría de vosotros iniciáis vuestras relaciones en los primeros años de madurez, con esperanza, plenos de energía sexual, el corazón abierto de par en par y el alma alegre e ilusionada.

En algún momento entre los cuarenta y los sesenta años (y para la mayoría, más pronto que tarde), renunciáis a vuestro más magnífico sueño, abandonáis vuestra más alta esperanza, y os conformáis con vuestras menores expectativas; o con nada en absoluto.

El problema es sumamente básico, sumamente sencillo; y, sin embargo, trágicamente mal interpretado: vuestro más magnífico sueño, vuestra más alta idea y vuestra más acariciada esperanza se había referido a vuestro amado <u>otro</u>, en lugar de a vuestro amado <u>Yo</u>. La prueba de vuestras relaciones se había referido al hecho de hasta qué punto el otro se ajustaba a <u>vuestras</u> ideas, y en qué medida considerabais que vosotros os ajustabais a las <u>suyas</u>. Sin embargo, la única prueba auténtica se refería al hecho de hasta qué punto vosotros os ajustabais a las <u>vuestras</u>.

Las relaciones son <u>sagradas</u> porque proporcionan la más grandiosa oportunidad en la vida —en realidad, la única oportunidad— de crear y producir la <u>experiencia</u> de tu más elevado concepto de ti mismo. Las relaciones fracasan cuando las consideras la más grandiosa oportunidad de crear y producir la experiencia de tu más elevado concepto de <u>otro</u>.

Si dejas que, en una relación con otra persona, cada uno se preocupe de <u>Sí mismo</u>: de lo que <u>Uno mismo</u> es, hace y tiene; de lo que <u>Uno mismo</u> quiere, pide, obtiene; de lo que <u>Uno mismo</u> busca, crea, experimenta... todas las relaciones servirán magníficamente a este propósito, y a quienes participen en ellas.

<u>Deja que, en la relación con otra persona, cada uno se preocupe, no del otro, sino sólo y únicamente de Sí mismo.</u>

Parece una enseñanza extraña, ya que os han dicho que en la forma más elevada de relación uno se preocupa <u>únicamente</u> del otro. Pero yo te digo esto: es el hecho de centrarte en el otro —de <u>obsesionarte</u> con el otro— lo que hace que las relaciones fracasen.

¿Qué es el otro? ¿Qué hace? ¿Qué tiene? ¿Qué dice, quiere o pide? ¿Qué piensa, espera o planea?

El Maestro entiende que no <u>importa</u> lo que el otro sea, haga, tenga, diga, quiera o pida. <u>No importa</u> lo que el otro piense, espere o planee. Sólo importa lo que <u>tú</u> hagas en <u>relación</u> con ello.

La persona que más ama es la persona que está más centrada en Sí misma.

Esa *es* una enseñanza radical...

No si la observas con atención. Si no te amas a ti mismo, no puedes amar a otro. Mucha gente comete el error de tratar de amarse a <u>Sí mismo</u> a través de amar a otro. Por supuesto, no se dan cuenta de que lo hacen. No se trata de un esfuerzo consciente, sino de algo que se da en la mente, a un nivel muy profundo, en lo que llamáis el subconsciente. Piensan: «Si puedo amar a otros, ellos me amarán a mí. Entonces seré alguien digno de ser amado, y, por lo tanto, <u>Yo</u> me amaré a mí mismo».

El reverso de esto es que muchas personas se odian a sí mismas porque piensan que no hay nadie que les quiera. Se trata de una enfermedad; es el verdadero «mal de amores», pues lo cierto es que sí hay otras personas que les quieren, pero no importa. No importa cuánta gente manifieste su amor hacia ellos; nunca es suficiente.

En primer lugar, no creen en ti. Piensan que tratas de manipularles, que tratas de sacar algo de ellos. (¿Cómo podrías quererles por lo que realmente son? No. Debe de haber un error. ¡Seguro que quieres algo! Entonces ¿qué es lo que quieres?)

Se cruzan de brazos, tratando de comprender cómo alguien puede realmente quererles. Así, no te creen, y emprenden una campaña para hacer que se lo <u>demuestres</u>. Tienes que demostrarles que les quieres. Y, para hacerlo, pueden pedirte que empieces a cambiar tu conducta.

En segundo lugar, si finalmente aceptan que <u>pueden</u> creer que les quieres, inmediatamente empiezan a preocuparse acerca de cuánto tiempo lograrán <u>mantener</u> tu amor. Así, con el fin de conservarlo, empiezan a cambiar <u>su</u> conducta.

De este modo, dos personas se pierden a sí mismas —literalmente—

en la relación. Inician la relación esperando encontrarse a sí mismas, y, en lugar de ello, se pierden a sí mismas.

Esta pérdida de Uno mismo en una relación es lo que provoca la mayor parte de la amargura en estas parejas.

Dos personas se unen para compartir su vida, esperando que el todo será más que la suma de las partes, y se encuentran con que es menos. Se sienten <u>menos</u> que cuando estaban solos. Menos capaces, menos hábiles, menos apasionantes, menos atractivos, menos alegres, menos contentos...

Y ello es así porque son <u>menos</u>. Han renunciado a la mayor parte de lo que son con el fin de tener —y conservar— la relación.

Las relaciones nunca han tenido por qué ser así. Pero así es como las han experimentado la mayoría de las personas que conoces.

¿Por qué? ¿Por qué?

Porque la gente ha perdido el contacto (si es que alguna vez lo <u>tuvo</u>) con el <u>propósito</u> de las relaciones.

Cuando has dejado de ver a los otros como almas sagradas en un viaje sagrado, no puedes ver el propósito, la razón, que se oculta tras toda relación.

El alma ha venido al cuerpo, y el cuerpo ha venido a la vida, con el propósito de evolucionar. Estáis en <u>evolución</u>; estáis en <u>devenir</u>. Y utilizáis vuestras relaciones con <u>cualquier cosa</u> para decidir <u>aquello</u> que queréis devenir.

Esa es la tarea que habéis venido a realizar aquí. Esa es la alegría de crearse a Sí mismo. O de conocerse a Sí mismo. O de llegar a ser, conscientemente, lo que uno quiere ser. Eso es lo que significa ser consciente de Uno mismo.

Habéis traído a vuestro Yo al mundo relativo para poder disponer de las herramientas con las que conocer y experimentar Quienes Realmente Sois. Y sois quienes os creáis en relación con todo lo demás.

Vuestras relaciones personales constituyen el elemento más importante en este proceso. Por lo tanto, vuestras relaciones personales son «tierra santa». Prácticamente no tienen nada que ver con el otro, pero, puesto que implican a otro, tienen <u>todo</u> que ver con el otro.

Esta es la divina dicotomía. Este es el círculo perfecto. Así, no constituye una enseñanza tan radical afirmar: «Bienaventurados los que se centran en Sí mismos, porque ellos conocerán a Dios». Puede que no sea un

mal objetivo en tu vida conocer la parte más elevada de Ti mismo, y per-
manecer centrado en ella.

Tu primera relación, pues, debe ser contigo mismo. Debes aprender
primero a honrarte, cuidarte y amarte a Ti mismo.

Debes verte primero a Ti mismo como estimable para poder ver al
otro como tal. Debes verte primero a Ti mismo como bienaventurado para
poder ver al otro como tal. Debes verte primero a Ti mismo como santo
para poder reconocer la santidad en el otro.

Si colocas el carro delante del caballo —como muchas religiones te pi-
den que hagas—, y reconoces al otro como santo antes de reconocerte a ti
mismo como tal, un día te resentirás de ello. Si hay algo que ninguno de
vosotros puede tolerar es que alguien sea más santo que uno. Sin embar-
go, vuestras religiones os enseñan a considerar a los otros más santos que
vosotros. Y eso es lo que hacéis, aunque sólo durante algún tiempo: luego
los crucificáis.

Habéis crucificado (de una manera u otra) a todos mis Maestros, no
sólo a Uno. Y lo habéis hecho no porque fueran más santos que vosotros,
sino porque creíais que lo eran.

Todos mis Maestros han traído el mismo mensaje. No «yo soy más
santo que tú», sino «tú eres tan santo como yo».

Este es el mensaje que no habéis sido capaces de escuchar; esta es la
verdad que no habéis sido capaces de aceptar. Y esta es la razón por la que
nunca os enamoráis realmente, auténticamente, de otra persona. Porque
nunca os habéis enamorado realmente, auténticamente, de Vosotros mis-
mos.

Así, deja que te diga algo: céntrate ahora y siempre en Ti mismo. Pre-
ocúpate de observar lo que tú eres, haces y tienes en un momento dado, y
no cómo les va a los demás.

No debes buscar tu salvación en la acción del otro, sino en tu re-ac-
ción.

Así lo haré; pero, de alguna manera, eso suena como si no debiéra-
mos preocuparnos de lo que los otros nos hacen en la relación con nosotros. Pueden hacer cualquier cosa, y, mientras conservemos nuestro
equilibrio, nos mantengamos centrados en Nosotros mismos y todas
esas cosas, nada nos afectará. Pero lo que hacen los demás *sí* nos afecta. A veces, sus actos *sí* nos hacen daño. Y cuando el dolor aparece en
las relaciones con otra persona es cuando yo no sé qué hacer. Está muy
bien decir: «manténte al margen; haz que no te afecte en absoluto»,

pero eso resulta más fácil de decir que de hacer. A mí me *hacen* daño las palabras y las acciones de las personas con quienes tengo relaciones.

Llegará el día en que no te lo harán. Y será el día en que realices —y actualices— el auténtico significado de las relaciones con los demás; su auténtica razón.

Si reaccionas del modo en que lo haces, es porque has olvidado esto. Pero eso está bien. Forma parte del proceso de crecimiento; forma parte de la evolución. Es la Obra del Alma la que construyes en la relación con los demás; se trata de un grandioso conocimiento, de un grandioso recuerdo. Hasta que recuerdes eso —y recuerdes también cómo utilizar la relación como una herramienta en la creación de Ti mismo—, debes trabajar en el nivel en el que estás. El nivel del conocimiento, el nivel de la voluntad, el nivel de la remembranza.

Así, hay una serie de cosas que puedes hacer cuando reaccionas con dolor ante lo que la otra persona es, dice o hace. La primera es admitir con franqueza lo que sientes exactamente, tanto a ti mismo como a la otra persona. Muchos de vosotros tenéis miedo de hacer esto, pues pensáis que vais a «quedar mal». En alguna parte, en lo más profundo de vosotros, os dais cuenta de que probablemente es ridículo que «penséis así». Probablemente resulta mezquino; sois «mejores que eso». Pero no es culpa vuestra: seguís pensando así.

Sólo hay una cosa que puedes hacer al respecto. Debes honrar tus sentimientos, puesto que honrar tus sentimientos significa honrarte a Ti mismo. Y debes amar a tu prójimo como a ti mismo. ¿Cómo puedes aspirar a entender y honrar los sentimientos de otra persona si no puedes honrar los que albergas en tu interior?

La primera pregunta en cualquier proceso de interacción con otra persona es: ¿Quién Soy, y Quién Quiero Ser, en relación con ello?

A menudo no recordáis Quiénes Sois, y no sabéis Quiénes Queréis Ser, hasta que probáis algunos modos de ser. He aquí por qué resulta tan importante honrar vuestros sentimientos más auténticos.

Si vuestro primer sentimiento es negativo, el hecho de tener dicho sentimiento a menudo es suficiente para desecharlo. Es cuando estáis coléricos, estáis molestos, estáis disgustados, estáis furiosos, tenéis el sentimiento de querer «hacer daño», cuando podéis rechazar estos sentimientos primarios en tanto «no forman parte de Quienes Queréis Ser».

El Maestro es aquel que ha vivido las suficientes de tales experiencias como para saber por adelantado cuál es su elección definitiva. No necesi-

ta «probar» nada. Ya ha llevado antes esa ropa, y sabe que no le _sienta bien_; no es «la suya». Y, puesto que la vida de un Maestro está dedicada a la realización constante del Yo tal como _uno mismo sabe que es_, nunca albergará esos sentimientos «que no le sientan bien».

He aquí por qué los Maestros se muestran imperturbables frente a lo que los demás llamarían calamidades. Un Maestro bendice la calamidad, pues sabe que a partir de la semilla del desastre (y de toda experiencia) crece el Yo. Y el segundo objetivo de la vida de un Maestro es _crecer siempre_, ya que, una vez se ha realizado plenamente a Sí mismo, _no tiene otra cosa que hacer_ excepto _ser más que eso_.

Es en esta etapa cuando uno pasa de la obra del alma a la obra de Dios, pues eso es lo que me corresponde a _Mí_.

Supondré, a efectos de nuestro análisis, que de momento estás en la obra del alma. Estás todavía tratando de realizar (de hacer «real») Quien Realmente Eres. La vida (Yo) te dará abundantes oportunidades para crearlo (recuerda que la vida no es un proceso de descubrimiento, sino un proceso de creación).

Puedes crear a Quien Realmente Eres una y otra vez. En realidad, lo estás haciendo; cada día. Sin embargo, actualmente no siempre responderás de la misma manera. Frente a una experiencia externa idéntica, puede que un día decidas ser paciente, amable y cariñoso en relación a ella; y otro día puede que decidas enfadarte, ser desagradable y estar triste.

El Maestro es aquel que _siempre responde de la misma manera_; y esa manera es siempre la _opción más elevada_.

En esto, el Maestro es inmediatamente previsible; por el contrario, el discípulo es totalmente imprevisible. Se puede afirmar si alguien se halla en camino de ser Maestro simplemente observando con qué grado de previsibilidad escoge la opción más elevada en respuesta o como reacción a una determinada situación.

Por supuesto, esto plantea una pregunta: _¿cuál es la opción más elevada?_

Se trata de una pregunta sobre la que han girado las filosofías y las teologías del hombre desde el principio de los tiempos. Si la pregunta te interesa realmente, es que _estás ya en camino de ser Maestro_, ya que lo cierto es que a la mayoría de las personas les interesa otra pregunta totalmente distinta. No cuál es la opción más elevada, sino cuál es la opción más beneficiosa; o bien cómo puedo reducir mis pérdidas al mínimo.

Cuando se vive la vida desde el punto de vista del control de las pér-

didas y la optimización de los beneficios, se pierde el auténtico beneficio de la vida. Se pierde la oportunidad. Se pierde la posibilidad. Y ello porque una vida vivida de ese modo es una vida vivida con temor; y esa vida afirma una mentira sobre vosotros.

Puesto que no sois temor, sois amor. El amor que no necesita protección no puede perderse. Pero nunca lo sabréis por propia <u>experiencia</u> si seguís respondiendo a la segunda pregunta, y no a la primera; ya que sólo una persona que piensa que hay algo <u>que ganar o que perder</u> responde a la segunda pregunta; y sólo una persona que contempla la vida de un modo distinto, que se ve a Sí misma como un ser superior, que entiende que lo importante <u>no</u> es ganar o perder, sino únicamente amar o dejar de amar, sólo esa persona responde a la primera.

Quien responde a la primera pregunta afirma: «yo soy mi cuerpo»; quien responde a la segunda, «yo soy mi alma».

<u>Quien tenga oídos para oír, que oiga; pues te aseguro que, en el momento crítico de toda relación humana, sólo hay una pregunta:</u>

¿QUÉ HARÍA EL AMOR?

<u>Ninguna otra pregunta es importante; ninguna otra pregunta es significativa; ninguna otra pregunta tiene la menor importancia para vuestra alma.</u>

Topamos aquí con un punto de muy delicada interpretación, ya que este principio de la acción basada en el amor ha sido muy mal interpretado, y esta mala interpretación ha dado origen a resentimientos y enfados, lo cual, a su vez, ha hecho que muchos se apartaran del camino.

Durante siglos, os han enseñado que la acción basada en el amor se deriva de la decisión de ser, hacer y tener cualquier cosa que produzca el mayor bien a otro.

Pero deja que te diga algo: la opción más elevada es la que te produce el mayor bien <u>a ti mismo</u>.

Al igual que toda verdad espiritual profunda, esta afirmación se presta inmediatamente a una mala interpretación. El misterio se aclara un poco en el momento en que uno decide cuál es el mayor «bien» que puede hacerse a sí mismo. Y cuando se ha tomado la opción absolutamente más elevada, el misterio desaparece, el círculo se completa, y el mayor bien para uno mismo se <u>convierte</u> en el mayor bien para el otro.

Puede que se necesiten varias vidas para entender esto, e incluso varias más para ponerlo en práctica, ya que esta verdad gira en torno a otra aún mayor: lo que te haces a Ti mismo, se lo haces al otro; lo que le haces al otro, te lo haces a Ti mismo.

Y ello, porque tú y el otro sois uno.

Y ello, porque...

... no hay nada más que tú.

Todos los Maestros que han transitado por vuestro planeta lo han enseñado («En verdad, en verdad, os digo que lo que hacéis a uno de mis hermanos más pequeños, me lo hacéis a Mí»). Sin embargo, para la mayoría de las personas se ha quedado simplemente en una gran verdad esotérica con escasa aplicación práctica. En realidad se trata de la verdad «esotérica» con mayor aplicación práctica de todos los tiempos.

En las relaciones con los demás es importante recordar esta verdad; sin ella, dichas relaciones resultarán más difíciles.

Volvamos a las aplicaciones prácticas de este saber, y dejemos, por el momento, su aspecto puramente espiritual y esotérico.

Muy a menudo, con la anterior interpretación, la gente —con buena intención y, en muchos casos, auténtico sentimiento religioso— hacía lo que consideraba que sería lo mejor para la otra persona. Lamentablemente, todo esto hacía que en muchos casos (en la mayoría de los casos) se continuara abusando del otro; que continuaran los malos tratos y las disfunciones en las relaciones.

Finalmente, la persona que trataba de «hacer lo correcto» para con el otro —perdonar en seguida, mostrar compasión, hacer continuamente la vista gorda ante determinados problemas y comportamientos— se convertía en una persona resentida, colérica y desconfiada, incluso ante Dios, pues ¿cómo puede un Dios justo pedir ese sufrimiento, esa tristeza y ese sacrificio interminables, aunque sea en nombre del amor?

La respuesta es que Dios no pide eso. Dios pide únicamente que te incluyas a ti mismo entre aquellos a quienes amas.

Pero Dios aún va más lejos. Dios propone —y aconseja— que te incluyas el primero.

Y lo hago con plena conciencia de que algunos de vosotros llamarán a esto blasfemia, y, en consecuencia, no lo considerarán Mi palabra, y que otros harán algo que quizás sea peor: aceptar que es Mi palabra, y mal interpretarla o distorsionarla para sus propios fines, para justificar actos impíos.

Te lo aseguro: ponerte a ti mismo en primer lugar, en su más elevado sentido, nunca lleva a realizar un acto impío.

Por lo tanto, si te has sorprendido a ti mismo cometiendo un acto im-

pío como resultado de haber hecho lo que es mejor para ti, la confusión radica no en haberte puesto a ti mismo en primer lugar, sino en no haber entendido bien qué es lo mejor para ti.

Por supuesto, determinar qué es lo mejor para ti requerirá que determines también qué es lo que pretendes haces. Se trata de un paso importante, que mucha gente ignora. ¿Cuál es tu «plan»? ¿Cuál es tu propósito en la vida? Sin responder previamente a esta pregunta, la cuestión de qué es lo «mejor» para ti en unas circunstancias dadas seguirá siendo un misterio.

Desde un punto de vista práctico —prescindiendo de nuevo de lo esotérico—, si buscas qué es lo mejor para ti en aquellas situaciones en las que eres maltratado, como mínimo lograrás que cese el mal trato. Y eso será bueno para ti y para la persona que te maltrata, ya que <u>también la persona que maltrata es maltratada en tanto se le permite continuar con su mal trato.</u>

Ello no favorece, sino que perjudica, a la persona que maltrata; ya que, si ve que se acepta su mal trato, ¿qué habrá aprendido? Pero si ve que su mal trato deja de ser aceptado ¿no se le habrá permitido descubrir algo?

Por lo tanto, tratar a los demás con amor no significa necesariamente permitirles que hagan lo que quieran.

Los padres lo aprenden muy pronto con respecto a sus hijos. Pero los adultos no lo aprenden con la misma rapidez con respecto a los otros adultos. Ni las naciones con respecto a las otras naciones.

No se debe permitir que proliferen los déspotas, sino que hay que poner fin a su despotismo. El amor hacia Uno mismo, <u>y el amor hacia el déspota,</u> lo exigen así.

Esta es la respuesta a tu pregunta: «Si el amor es todo lo que hay, ¿cómo podría el hombre justificar nunca la guerra?».

A veces el hombre debe ir a la guerra para realizar la más grandiosa afirmación de quién es realmente: aquel que abomina de la guerra.

Algunas veces debes <u>renunciar</u> a Quien Realmente Eres con el fin de ser Quien Realmente Eres.

Hay Maestros que lo han enseñado así: no puedes tenerlo todo hasta que no estás dispuesto a <u>renunciar</u> a todo.

De este modo, para poder «tenerte» a ti mismo como un hombre de paz, puede que tengas que renunciar a la idea de ti mismo como un hombre que nunca va a la guerra. La Historia ha requerido de los hombres decisiones de este tipo.

Lo mismo vale para la mayoría de los individuos y la mayoría de las relaciones personales. Más de una vez, la vida puede requerir que demuestres Quien Eres manifestando un aspecto de Quien No Eres.

Esto no resulta tan difícil de entender si has vivido unos cuantos años; pero para la juventud idealista puede parecer el colmo de la contradicción. En un examen más maduro se aproxima más a la dicotomía divina.

*Ello no significa, en el contexto de las relaciones humanas, que si te hacen daño tú tengas que hacer daño «a cambio» (ni tampoco en el contexto de las relaciones entre naciones). Significa sencillamente que per*mitir al otro que continuamente te haga daño puede que no sea el mejor acto de amor por tu parte; ni hacia Ti mismo ni hacia el otro.

Esto debería acabar con determinadas teorías pacifistas según las cuales el amor más elevado impide cualquier respuesta enérgica a lo que uno considera malo.

Una vez más, el discurso adquiere un cariz esotérico, puesto que ningún análisis serio de tal afirmación puede ignorar la palabra «malo», y los juicios de valor que invita a formular. En realidad, no hay nada malo; únicamente fenómenos y experiencias objetivos. Sin embargo, vuestro propio objetivo en la vida requiere que seleccionéis, de entre la creciente serie de interminables fenómenos, unos cuantos dispersos a los que llamáis malos; ya que, si no lo hicierais, no podríais llamaros a vosotros mismos buenos, ni a ninguna otra cosa, y —por lo tanto— no podríais conoceros, o crearos, a Vosotros mismos.

Por eso a lo que llamáis malo os definís a vosotros mismos; y por eso a lo que llamáis bueno.

El mayor mal consistiría, pues, en no declarar malo nada en absoluto.

En esta vida, existís en el mundo de lo relativo, donde una cosa puede existir únicamente en relación con otra. Esta es al mismo tiempo la función y el objetivo de la relación: proporcionar un ámbito de experiencia en el que podáis encontraros a vosotros mismos, definiros a vosotros mismos y —si lo decidís— recrear constantemente Quienes Sois.

Decidir ser como Dios no significa que decidas ser un mártir. Y, desde luego, no significa que decidas ser una víctima.

Una de las maneras de llegar a ser un Maestro —una vez eliminada toda posibilidad de dolor, perjuicio o daño— podría consistir muy bien en reconocer el dolor, el perjuicio o el daño como parte de tu experiencia, y decidir Quien Eres en relación con ello.

Sí, es cierto que lo que los demás piensen, digan o hagan a veces te hará daño; hasta que deje de hacértelo. Con ello conseguirás más rápida-

mente una total honradez, si estás dispuesto a afirmar, reconocer y declarar exactamente lo que piensas acerca de cualquier cosa. Di tu verdad, con amabilidad pero completa. Vive tu verdad, gentilmente pero de modo pleno y consecuente. Cambia tu verdad, con facilidad y con rapidez, cuando tu experiencia te aporte una nueva luz.

Nadie en su sano juicio —y Dios menos que nadie— te diría, cuando experimentas dolor en una relación: «aléjate de ella, haz que no signifique nada». Si estás experimentando dolor, es demasiado tarde para hacer que no signifique nada. Tu tarea en este momento consiste en decidir qué significa, y manifestarlo; puesto que, al hacerlo así, eliges y te haces Aquel que Pretendes Ser.

Así, *no* tengo que ser una sufrida esposa o un despreciado marido, o la víctima de mis relaciones, para que éstas sean santas, o para hacerme grato a los ojos de Dios...

¡Santo cielo! ¡Pues claro que no!

Y *no* tengo que aguantar agresiones a mi dignidad, asaltos a mi orgullo, perjuicios a mi psique ni heridas a mi corazón para poder decir que «doy lo mejor de mí» en una relación, o que «cumplí con mi deber» o «con mi obligación» a los ojos de Dios y de los hombres...

Ni por un momento.

Entonces, te ruego que me digas: ¿qué promesas debo hacer en una relación?, ¿qué acuerdos debo cumplir? ¿Qué obligaciones comporta una relación? ¿Qué pautas debo buscar?

La respuesta a esto es la respuesta que no puedes oír, puesto que te deja sin ninguna pauta y vuelve nulo y sin efecto cualquier acuerdo en el momento mismo de tomarlo. La respuesta es: no tienes ninguna obligación. Ni respecto a las relaciones, ni respecto a nada en la vida.

¿Ninguna obligación?

Ninguna obligación. Ni tampoco ninguna restricción o limitación, ninguna pauta ni ninguna regla. Ni estás obligado por ninguna circunstancia ni situación, ni por ningún código de leyes. Ni eres merecedor de *castigo por ninguna ofensa, ni eres <u>capaz</u> de cometerla, puesto que no hay nada «ofensivo» a los ojos de Dios.*

Ya he oído eso antes, esa especie de religión de «no hay ninguna regla». Eso es la anarquía espiritual. No veo cómo podría funcionar.

No hay ningún camino que no pueda funcionar si estás dedicado a la tarea de crear tu Yo. Si, por el contrario, te imaginas que estás dedicado a la tarea de tratar de ser lo que algún <u>otro</u> quiere que seas, la ausencia de reglas o pautas pondrá ciertamente las cosas más difíciles.

Pero la mente pensante se ve obligada a preguntar: «Si Dios quiere que Yo sea de una determinada manera, ¿por qué no <u>me creó desde el primer momento de esa manera</u>? ¿Por qué esta lucha por mi parte para «superar» quien soy con el fin de convertirme en lo que Dios quiere que sea? Esto es lo que exige saber la mente meticulosa; y con razón, pues se trata de una pregunta oportuna.

Los teóricos de la religión os harían creer que Yo os he creado como alguien que es menos que Quien Yo Soy para que podáis tener la oportunidad de <u>llegar a ser</u> como Quien Yo Soy, superando todas las desventajas, y —añadiría Yo— superando <u>todas las tendencias naturales que se supone que os he dado</u>.

Entre estas supuestas tendencias naturales está la tendencia al pecado. Se os ha enseñado que habéis <u>nacido</u> en pecado, que <u>moriréis</u> en pecado, y que el pecado es vuestra <u>naturaleza</u>.

Incluso una de vuestras religiones enseña que <u>no podéis hacer nada al respecto</u>. Vuestras acciones resultan irrelevantes y sin sentido. Es una arrogancia pensar que, debido a alguna acción <u>vuestra</u>, podéis «ir al cielo». Sólo hay <u>un</u> modo de alcanzar el cielo (la salvación), y no es a través de vuestra iniciativa, sino por la gracia concedida por Dios a través de la aceptación de Su Hijo como intermediario suyo.

Una vez hecho esto, estáis «salvados». Y mientras no se haga, nada de lo que podáis hacer —ni la vida que viváis, ni las decisiones que toméis, ni ninguna iniciativa de vuestra voluntad esforzándose por mejorar o por ser honestos— tiene ningún efecto ni ejerce ninguna influencia. Sois <u>incapaces</u> de haceros honestos, puesto que sois intrínsecamente deshonestos. Fuisteis <u>creados</u> así.

¿Por qué? Sólo Dios lo sabe. Quizás cometió un error. Quizás no le salió bien. Es posible que quisiera poder rehacerlo todo de nuevo. Pero ahí está. Qué le vamos a hacer...

Te estás burlando de mí...

*No. Vosotros os burláis de <u>Mí</u>. Decís que Yo, Dios, creé seres intrín-
secamente imperfectos, y luego les pedí que fueran perfectos bajo la amenaza de condenarles.*

*Decís también que, en algún momento tras varios miles de años de
experiencia del mundo, Me aplaqué, y decís que a partir de entonces ya no
<u>teníais</u> necesariamente que ser buenos, sino que simplemente habíais de
sentiros malos cuando no estabais siendo buenos, y aceptar como vuestro
salvador al Único Ser que <u>siempre</u> podía ser perfecto, satisfaciendo de este
modo Mi hambre de perfección. Decís que Mi Hijo —al que llamáis el
Único Perfecto— os ha salvado de vuestra propia imperfección, la imperfección que <u>Yo os di</u>.*

*En otras palabras, el Hijo de Dios os ha salvado de <u>lo que hizo Su Pa-
dre.</u>*

*Así es como vosotros —muchos de vosotros— decís que Yo lo he es-
tablecido.*

Entonces, ¿<u>quién se burla de quién</u>?

Es la segunda vez en este libro que parece que lances un ataque
frontal al fundamentalismo cristiano. Estoy sorprendido.

*Tú has elegido la palabra «ataque». Yo simplemente he abordado la
cuestión. Y la cuestión, por cierto, no es el «fundamentalismo cristiano»,
como tú dices. Es la naturaleza de Dios, y de la relación de Dios con el
hombre.*

*La cuestión ha surgido porque estábamos tratando del asunto de las
obligaciones; en las relaciones y en la propia vida.*

*No puedes creer en una relación libre de obligaciones si no aceptas
quién y qué eres realmente. A una vida de completa libertad tú la llamas
«anarquía espiritual». Yo la llamo la gran promesa de Dios.*

*Sólo en el contexto de esta promesa puede completarse el magnífico
plan de Dios.*

*No tienes <u>ninguna</u> obligación en tus relaciones. Tienes únicamente
oportunidades.*

*<u>Las oportunidades, no las obligaciones, constituyen la piedra angular
de la religión, las bases de toda espiritualidad. Si lo ves al revés, entonces
no lo entiendes.</u>*

La relación —vuestras relaciones con todas las cosas— se creó como una herramienta perfecta para el trabajo del alma. He ahí por qué todas las relaciones humanas son «tierra santa». He ahí por qué toda relación personal es sagrada.

En esto muchas iglesias tienen razón. El matrimonio es un sacramento. Pero no debido a sus obligaciones sagradas, sino más bien porque constituye una oportunidad inigualable.

En el contexto de las relaciones, no hagas nada porque lo percibas como una obligación. Hagas lo que hagas, hazlo con la percepción de la gloriosa oportunidad que las relaciones te proporcionan para decidir, y ser, Quien Realmente Eres.

Escucho esto y, sin embargo, una y otra vez en mis relaciones me he dado por vencido cuando las cosas se han puesto difíciles. El resultado es que he tenido un rosario de relaciones, mientras que cuando era un chiquillo pensaba que tendría sólo una. Parece que no sepa qué es mantener una relación. ¿Crees que alguna vez aprenderé? ¿Qué he de hacer para que eso suceda?

Haces que parezca que mantener una relación significa que ésta ha sido un éxito. Procura no confundir la duración con el trabajo bien hecho. Recuerda que tu tarea en este planeta no consiste en ver cuánto tiempo puedes mantener una relación, sino en decidir, y experimentar, Quién Eres Realmente.

Esto no es un argumento en favor de las relaciones de corta duración; pero tampoco hay necesidad de que sean de larga duración.

Sin embargo, aunque no hay tal necesidad, se pueden decir muchas cosas de ellas: las relaciones de larga duración proporcionan notables oportunidades para el crecimiento <u>mutuo</u>, la expresión <u>mutua</u> y la <u>mutua</u> satisfacción; y ahí radica su propia recompensa.

¡Lo sé, lo sé! Quiero decir, que siempre lo he sospechado. Entonces, ¿cómo puedo conseguirlo?

En primer lugar, debes estar seguro de que inicias la relación por los motivos correctos. (Utilizo la palabra «correctos» como un término relativo; serían «correctos» en relación al objetivo —más amplio—que tengas en tu vida.)

Como ya he señalado antes, la mayoría de la gente inicia las relaciones por los motivos «equivocados»: poner fin a su soledad, llenar un va-

cío, conseguir amor o tener alguien a quien *amar; y estos son los* mejores
motivos. Otros lo hacen para tranquilizar su ego, acabar con sus depresio-
nes, mejorar su vida sexual, recuperarse de una relación anterior, o —lo
creas o no— para aliviar su aburrimiento.

Ninguno de estos motivos funcionará, y a menos que con el tiempo
tenga lugar algún cambio dramático, la relación no saldrá bien.

Yo no he iniciado mis relaciones por ninguno de esos motivos.

Permíteme dudarlo. No creo que sepas por qué has iniciado tus relacio-
nes. No creo que pensaras en ello. No creo que iniciaras tus relaciones con
un propósito consciente. Creo que las iniciaste porque te «enamoraste».

Eso es exacto.

Y no creo que te pararas a examinar por qué estabas «enamorado».
¿A qué respondías? ¿Qué necesidad, o conjunto de necesidades, satisfa-
cías?
Para la mayoría de lá gente, el amor responde a la satisfacción de una
necesidad.
Cada uno sabe lo que necesita. Tú necesitas una cosa; el otro necesita
otra. Y cada uno ve en el otro una posibilidad de satisfacer esa necesidad.
De modo que se establece un intercambio tácito. Yo te doy lo que tengo si
tú me das lo que tienes.
Se trata de una transacción. Pero no decís la verdad al respecto. No
decís: «¡Cuánto intercambio contigo!», sino: «¡Cuánto te quiero!», y lue-
go viene el desengaño.

Ya habías señalado eso antes.

Sí, y tú has hecho eso antes; y no una, sino varias veces.

A veces parece que este libro se mueva en círculo, tocando los mismos puntos una y otra vez.

En cierto modo, como la vida misma.

¡Touché!

El método aquí es que tú formulas unas preguntas, y Yo simplemen-
te las contesto. Si formulas la misma pregunta de tres modos diferentes,
me veo obligado a seguir respondiendo a ella.

Quizás es que tengo la esperanza de que salgas con una respuesta distinta. Creo que exageras cuando te pregunto acerca de las relaciones.
¿Qué *tiene de malo* enamorarse perdidamente sin haber *pensado* en ello?

Nada. Enamórate de tantas personas como quieras, si ese es tu deseo.
Pero si vas a establecer con ellas una relaciones para toda la vida, tal vez
quieras pensar un poco en eso.
Por otra parte, si disfrutas pasando de unas relaciones a otras —o, lo
que es peor, manteniéndolas porque crees que «tienes que hacerlo» y, por
tanto, viviendo una vida de callada desesperación—, si disfrutas repitien-
do estas pautas de tu pasado, sigue haciendo lo que has hecho hasta ahora.

¡De acuerdo, de acuerdo! Mensaje recibido. Chico, eres implacable, ¿sabes?

Ese es el problema de la verdad. La verdad es implacable. No te deja-
rá tranquilo. Se acercará sigilosamente a ti en cualquier parte, mostrán-
dote lo que realmente es. Puede llegar a ser fastidiosa.

De acuerdo. Entonces, quiero encontrar las herramientas para lograr una relación duradera; y dices que iniciar la relación con un objetivo consciente es una de ellas.

Sí. Debes estar seguro de que tú y tu pareja estáis de acuerdo en el ob-
jetivo.
Si ambos estáis de acuerdo a un nivel consciente de que el objetivo de
vuestra relación consiste en crear una oportunidad, no una obligación;
una oportunidad de crecimiento, de auto-expresión plena, de elevar vues-
tras vidas a su más alto potencial, de subsanar cualquier falso pensamien-
to o idea que hayáis tenido de vosotros mismos, y de la unión final con
Dios a través de la comunión de vuestras dos almas; si asumes este com-
promiso, en lugar de los compromisos que has asumido hasta ahora, la re-
lación se habrá iniciado con muy buen pie, habrá tenido un muy buen
principio.
Sin embargo, eso no garantiza el éxito.

Si quieres garantías en la vida, entonces no quieres la vida. Quieres ensayar un guión que ya ha sido escrito.

Por su propia naturaleza, la vida no puede tener garantías; de ser así, todo su propósito se vería frustrado.

Está bien, de acuerdo. Supongamos que he iniciado mi relación con este «muy buen principio». ¿Cómo puede mantenerla?

Sabiendo y entendiendo que vendrán pruebas y momentos difíciles. No trates de evitarlos. Dales la bienvenida. Agradécelos. Considéralos como unos magníficos dones de Dios; oportunidades gloriosas de hacer lo que has venido a hacer en la relación, y en la vida.

En esos momentos, esfuérzate en no ver a tu pareja como el enemigo, como la oposición.

En realidad, procura no ver a nadie, ni a nada, como el enemigo, o como el problema. Cultiva la técnica de contemplar todos los problemas como oportunidades; oportunidades de...

... lo sé, lo sé: «de ser, y decidir, Quien Realmente Eres».

¡Exacto! ¡Veo que lo vas entendiendo!

Sin embargo, todo eso me sugiere una vida bastante aburrida.

Entonces es que tienes la mira muy baja. Ensancha tu horizonte. Aumenta la profundidad de tu visión. Trata de ver más en ti de lo que crees que se puede ver. Trata también de ver más en tu pareja.

Nunca perjudicará en nada a tus relaciones —ni a nadie— el hecho de que veas en los otros más de lo que ellos te muestran, puesto que hay más. Mucho más. Es únicamente su miedo lo que le impide mostrártelo. Si los demás notan que tú ves más en ellos, no temerán mostrarte lo que tú, evidentemente, ya veías.

Las personas tienden a cumplir las expectativas que los demás tenemos acerca de ellas.

Algo parecido. No me gusta usar aquí la palabra «expectativas». Las expectativas arruinan la relación. Digamos que las personas tienden a ver en sí mismas lo que los demás vemos en ellas. Cuanto más grandiosa sea *nuestra visión, más grandiosa será su voluntad de manifestar la parte de ellos que <u>nosotros les hemos mostrado</u>.*

¿No es así como funcionan todas las relaciones auténticamente dichosas? ¿No forma esto parte del proceso de curación, el proceso por el cual permitimos a las personas «desprenderse» de cualquier falso pensamiento que hayan tenido acerca de sí mismas?

¿No es esto acaso lo que Yo estoy haciendo aquí, en este libro, <u>contigo</u>?

Sí.

Pues esa es la obra de Dios. La obra del alma consiste en darse cuenta de quién es ella misma. La obra de Dios consiste en que todos los demás se den cuenta de quiénes son.

Y lo hacemos en la medida en que vemos a los otros como Quienes Son, en la medida en que les recordamos Quiénes Son.

Podéis hacerlo de dos maneras: recordándoles Quiénes Son (lo que resulta muy difícil, puesto que no os creerán), y recordando Quiénes Sois Vosotros (mucho más fácil, puesto que no necesitáis que <u>ellos</u> os crean; basta que lo creáis vosotros); al manifestar esto último constantemente, al final recordáis a los demás Quiénes Son, pues se ven a sí mismos en vosotros.

Muchos Maestros han sido enviados a la Tierra para manifestar la Verdad Eterna. Otros, como Juan el Bautista, han venido en calidad de mensajeros, describiendo la Verdad con vivos colores, hablando de Dios con inconfundible claridad.

Estos mensajeros tan especiales han sido dotados de extraordinaria perspicacia y de un poder muy especial para ver y acoger la Verdad Eterna, además de la capacidad de comunicar conceptos complejos de manera que las masas puedan entenderlos.

Tú eres uno de estos mensajeros.

¿Yo?

Sí. ¿Lo crees?

¡Es algo tan difícil de aceptar! Quiero decir, que todos queremos ser especiales...

... todos sois especiales...

... y aquí interviene el ego —al menos a *mí* me sucede—, y trata de hacernos sentir de algún modo «elegidos» para una tarea extraordinaria. Constantemente tengo que luchar contra este ego, y tratar de depurar una y otra vez cada uno de mis pensamientos, palabras y obras, procurando mantener con ello mi crecimiento personal. De modo que resulta muy difícil oír lo que dices, puesto que soy consciente de que ello afecta a mi ego, y he pasado toda mi vida luchando contra él.

Sé que lo has hecho.
Y a veces con no demasiado éxito.

Lamento tener que estar de acuerdo en eso.

Sin embargo, siempre que has acudido a Dios, has dejado a tu ego de lado. Más de una noche has rogado y suplicado claridad e implorado inspiración al cielo, y no para poder enriquecerte o verte colmado de honores, sino desde la profunda pureza de la simple ansia de conocimiento.

Sí.

Y Me has prometido, una y otra vez, que te obligarías a ti mismo a conocer, que pasarías el resto de tu vida —todos los momentos de lucidez— compartiendo la Verdad Eterna con los demás... no por la necesidad de gloria, sino debido al profundo deseo de tu corazón de poner fin al dolor y al sufrimiento de los demás; de llevarles el júbilo y la alegría, de ayudarles y sanarles; de despertar de nuevo en ellos el sentimiento de unión con Dios que tu siempre has experimentado.

Sí, es cierto.

De modo que te he elegido para que seas Mi mensajero. A ti, y a muchos otros. Por ahora, en el futuro más inmediato, el mundo requerirá muchas trompetas para que la llamada suene con potencia. El mundo necesitará muchas voces para declarar la palabra de la verdad y la reconciliación a tantos millones. El mundo necesitará muchos corazones unidos en la obra del alma y preparados para realizar la obra de Dios.
¿Puedes afirmar honradamente que no eres consciente de ello?

No.

¿Puedes negar honradamente que es por eso por lo que has venido?

No.

¿Estás dispuesto, pues, a decidir y declarar por medio de este libro tu propia Verdad Eterna, y a anunciar con claridad la gloria de la Mía?

¿Debo incluir estos últimos cambios en el libro?

No debes hacer nada. Recuerda que en nuestras relaciones no tienes ninguna obligación. Sólo oportunidades. ¿Acaso no es esta la oportunidad que habías estado esperando toda tu vida? ¿Acaso no te has consagrado a esta misión —y a la preparación necesaria para realizarla— desde los primeros momentos de tu juventud?

Sí.

Entonces, no hagas lo que estés obligado a hacer, sino lo que tengas oportunidad de hacer.

En cuanto a poner todo esto en nuestro libro, ¿por qué no ibas a hacerlo? ¿Crees acaso que quiero que seas un mensajero en secreto?

No, supongo que no.

Se necesita mucho valor para declararse uno mismo un hombre de Dios. ¿Entiendes que el mundo te aceptará más fácilmente como cualquier otra cosa antes que como un hombre de Dios, un auténtico mensajero? Cada uno de mis mensajeros ha sido humillado. Lejos de alcanzar la gloria, no han alcanzado sino la congoja en su corazón.

¿Estás dispuesto? ¿Aceptará tu corazón la congoja de proclamar la verdad sobre Mí? ¿Estás dispuesto a aguantar la burla de los demás seres humanos? ¿Estás preparado para renunciar a la gloria en la Tierra a cambio de la plena realización de la mayor gloria del alma?

De repente, Dios, haces que todo esto parezca bastante difícil.

¿Quieres que lo tomemos a broma?

Bueno, podríamos quitarle un poco de hierro.

¡Eh, que Yo soy partidario de quitar hierro a las cosas! ¿Por qué no terminamos este capítulo con un chiste?

¡Buena idea! ¿Sabes alguno?

No; pero tú sí. Explica aquel de la niña que está dibujando un retrato...

¡Ah, sí, ese! De acuerdo. Allá va: una madre entra un día en la cocina, y encuentra a su hija pequeña sentada a la mesa, rodeada de lápices de colores, profundamente concentrada en un retrato que está dibujando. «Hija, ¿qué estás dibujando con tanto interés?», pregunta la madre. «Es un retrato de Dios, mamá», responde la niña con ojos brillantes. «¡Oh, cariño, qué encantador! —dice la madre, tratando de ser útil—; pero, ¿sabes?, nadie sabe realmente cómo es Dios.»
«Bueno —protesta la pequeña—, ¡pero déjame *terminarlo*...!»

Es un bonito chiste. ¿Sabes qué es lo más bonito? ¡Que la niña no tenía ninguna duda de que sabía exactamente cómo dibujarme!

Cierto.

Ahora te explicaré Yo á ti una historia, y con ella podremos dar por terminado este capítulo.

De acuerdo.

Había una vez un hombre que un buen día se dio cuenta de que estaba dedicando una serie de horas cada semana a escribir un libro. Día tras día, corría a coger su lápiz y su cuaderno —a veces en mitad de la noche— para plasmar cada nueva inspiración. Finalmente, alguien le preguntó qué tenía entre manos.
«¡Oh, bueno! —respondió—, estoy poniendo por escrito una larga conversación que estoy manteniendo con Dios.»
«¡Qué encantador! —le respondió su amigo, con indulgencia—; pero, ¿sabes?, nadie sabe realmente con certeza lo que diría Dios.»
«Bueno —sonrió el hombre— ¡pero déjame terminarlo...!»

9

Puedes pensar que todo este asunto de «ser Quien Realmente Eres» es fácil, pero es el mayor reto con el que te enfrentarás en toda tu vida. En realidad, puede que nunca lo consigas. Muy poca gente lo logra. Y no en una sola vida; ni en muchas.

Entonces, ¿para qué intentarlo? ¿Para qué complicarse la vida? ¿Qué falta hace? ¿Por qué no vivir sencillamente la vida como si fuera lo que, en cualquier caso, aparentemente es: un simple ejercicio sin sentido que no conduce a ningún lugar en particular; un juego que no puedes perder juegues como juegues; un proceso que, al final, lleva al mismo resultado para todo el mundo? Dices que no hay infierno, que no hay castigo, que no hay modo de perder; entonces, ¿para qué demonios esforzarse en ganar? ¿Qué incentivo hay, puesto que resulta tan difícil ir adonde dices que tratamos de ir? ¿Por qué no tomarnos tranquilamente nuestro tiempo y descansar de todo eso de la esencia de Dios y de «ser Quien Realmente Eres»?

¡Vaya! Estamos frustrados, ¿no?...

Bueno. Estoy cansado de intentarlo, intentarlo e intentarlo, sólo para que ahora vengas y me digas qué difícil va a ser todo, y que, en cualquier caso, sólo uno entre un millón lo consigue.

Sí, sé que lo estás. Déjame ver si puedo ayudarte. En primer lugar, me gustaría señalar que ya te has tomado «tranquilamente tu tiempo» respecto a este asunto. ¿Crees que este es tu primer intento?

No tengo ni idea.

¿No te parece como si ya hubieras estado aquí antes?

De vez en cuando.

Bueno, pues has estado. Muchas veces.

¿Cuántas?

Muchas.

¿Se supone que eso va a estimularme?

Se supone que va a inspirarte.

¿Cómo?

En primer lugar, hace que alejes de ti la preocupación. Aporta el elemento de «no poder fracasar» del que antes hablabas. Te asegura que el propósito es que <u>no</u> fracases; que tendrás <u>tantas oportunidades como quieras y necesites.</u> Puedes volver una vez, y otra, y otra. Si das el siguiente paso, si evolucionas al siguiente nivel, será porque quieres, no porque <u>tengas</u> que hacerlo.

¡No tienes que hacer nada! Si disfrutas de la vida a este nivel, si sientes que para ti es el nivel mayor, ¡puedes tener esta experiencia una vez y otra vez! ¡En realidad, la has tenido una y otra vez, precisamente por esta razón! Tú <u>amas</u> el drama. <u>Amas</u> el dolor. Amas el «no saber», el misterio, el suspense. ¡Amas todo eso! ¡Y por ello es por lo que estás <u>aquí</u>!

¿Te burlas de mí?

¿Me burlaría de ti en un asunto como este?

No lo sé. No sé de qué se burla Dios.

No de esto. Esto es algo demasiado cercano a la Verdad; demasiado cercano al Conocimiento Último. Nunca me burlo de «cómo es». Demasiadas personas han elucubrado acerca de ello. Yo no estoy aquí para provocarte más confusión, sino para ayudarte a tener las cosas más claras.

¡Y tan claras! ¿Me estás diciendo que estoy aquí porque quiero estar?

Por supuesto.

¿Porque he decidido estar?

Sí.

¿Y he tomado esta opción muchas veces?

Muchas.

¿Cuántas?

Volvemos al asunto. ¿Quieres un cálculo exacto?

Dame sólo una cantidad aproximada. ¿Hablamos de puñados o de docenas?

De centenares.

¿Centenares? ¿He vivido *centenares de vidas*?

Sí.

¿Y esto es todo lo que conseguido?

En realidad, has avanzado bastante.

¿Ah, *sí*?

Totalmente. ¡Vaya! En realidad, en vidas anteriores has matado a gente.

¿Y qué tiene eso de malo? Tú mismo has dicho que a veces la guerra es necesaria para acabar con el mal.

Vamos a tener que aclarar esta afirmación, pues veo que puede utilizarse mal —como tú estás haciendo ahora— para tratar de defender toda clase de argumentos o de racionalizar todo tipo de locuras.

Según los más altos valores morales que he observado que los humanos han ideado, nunca se puede justificar el asesinato como medio de expresar cólera, manifestar hostilidad, «desfacer entuertos» o castigar a un infractor. La afirmación de que a veces la guerra es necesaria para acabar con el mal sigue siendo cierta, puesto que vosotros lo habéis establecido así. Vosotros habéis determinado, en la creación del Yo, que el respeto de toda vida humana es, y debe ser, el valor principal y más elevado. Me complace vuestra decisión, ya que Yo no he creado la vida para que sea destruida.

Es el respeto por la <u>vida</u> lo que hace que a veces la guerra resulte necesaria, ya que es precisamente a través de la guerra contra el mal más inmediato, a través de la defensa frente a la amenaza más inmediata a <u>otra</u> vida, como afirmáis Quiénes Sois Realmente en relación con ello.

Desde el punto de vista de la más alta ley moral, tenéis el derecho —en realidad, la obligación— de detener la agresión a cualquier persona, o a vosotros mismos.

Esto no significa que el asesinato como castigo resulte apropiado, ni tampoco como desquite, ni como medio de resolver mezquinas diferencias.

En tu pasado, has matado en duelos por el cariño de una mujer, y lo has hecho <u>para defender tu honor</u>, cuando precisamente era el honor lo que <u>perdías</u> al hacerlo. Es absurdo utilizar la fuerza de la muerte como resolución de disputas. <u>Todavía</u> hoy, muchos humanos utilizan la fuerza —la fuerza del asesinato— para resolver disputas ridículas.

Rayando en la hipocresía, algunos humanos incluso matan <u>en nombre de Dios</u>; y esa es la mayor blasfemia, pues ello no se aviene con Quienes Sois.

¡Ah, entonces el asesinato sí tiene algo de malo...!

Volvamos a ello. <u>Nada</u> tiene nada de «malo». «Malo», «equivocado», «incorrecto», son términos relativos, que indican lo opuesto a lo que llamáis «bueno» o «correcto».

Pero ¿qué es lo «correcto»? ¿Se puede ser realmente objetivo en estas cuestiones? ¿O bien «correcto» e «incorrecto» son simplemente descripciones con las que ocultáis los acontecimientos o las circunstancias, y que surgen de vuestras decisiones respecto a ellos?

Y, dime, ¿qué es lo que constituye la <u>base</u> de vuestras decisiones?

¿*Vuestra* <u>*propia*</u> *experiencia? No. En la mayoría de los casos, habéis decidido aceptar la decisión de algún* <u>*otro*</u>*. Alguien que llegó antes que vosotros, y se supone que sabía más. Muy pocas de vuestras decisiones cotidianas respecto a lo que resulta «correcto» o «incorrecto» las habéis tomado vosotros mismos, basándoos en* <u>*vuestro propio*</u> *entendimiento.*

<u>*Esto resulta especialmente cierto en asuntos importantes. En realidad, cuanto más importante sea el asunto, menos probable es que escuchéis a vuestra propia experiencia y más dispuestos estaréis a hacer vuestras las decisiones de otros.*</u>

Ello explica por qué prácticamente habéis renunciado al control total de determinadas áreas de vuestra vida y de determinadas cuestiones que surgen en el seno de la experiencia humana.

A menudo, dichas áreas y cuestiones incluyen los temas más vitales para vuestra <u>*alma*</u>*: la naturaleza de Dios; la naturaleza de la auténtica moralidad; la cuestión de la realidad última; las cuestiones de la vida y la muerte en torno a la guerra, la medicina, el aborto o la eutanasia; el fondo de la cuestión de los valores, estructuras y juicios personales. Os habéis desentendido de la mayoría de estos temas, adjudicándoselos a otros. No queréis tomar vuestras propias decisiones al respecto.*

«¡Que decida otro! ¡Yo estoy de acuerdo! —exclamáis—. ¡Que sea otro quien me diga qué es lo correcto y qué lo incorrecto!»

Por cierto: he ahí por qué las religiones humanas son tan populares. Apenas importa de qué sistema de creencias se trate, mientras sea firme, consistente, claro en cuanto a qué espera de sus seguidores, y rígido. Dadas estas características, se puede encontrar gente que crea en casi todo. Se pueden atribuir —y se han atribuido— a Dios las conductas y creencias más extrañas. Es el camino de Dios, dicen. La palabra de Dios.

Y habrá quienes lo <u>*aceptarán. Con mucho gusto.*</u> *Porque* <u>*elimina la necesidad de pensar.*</u>

Ahora bien: pensemos en el asesinato. ¿Puede haber una razón justificable para matar a alguien? Piensa en ello. Encontrarás que no necesitas que ninguna autoridad externa te dé la pauta, que ninguna fuente superior te proporcione las respuestas. Si piensas en ello, si observas lo que sientes al respecto, las respuestas te resultarán evidentes, y actuarás de acuerdo con ellas. A esto se le llama actuar según la propia autoridad.

Es cuando actúas según la autoridad de los demás cuando vienen los problemas. ¿Deben los Estados y naciones utilizar el asesinato para lograr sus objetivos políticos? ¿Deben las religiones utilizar el asesinato para hacer cumplir sus imperativos teológicos? ¿Deben las sociedades utilizar el asesinato como respuesta ante aquellos que violan los códigos de conducta?

¿Constituye el asesinato un remedio político apropiado, un instrumento de convencimiento espiritual, un modo de resolver los problemas de la sociedad?

Ahora bien: ¿puedes matar en el caso de que alguien trate de matarte a ti? ¿Matarías para defender la vida de alguien a quien amas? ¿O la de alguien a quien ni siquiera conozcas?

¿Constituye el asesinato una forma apropiada de defensa frente a aquellos que, de no impedírselo de algún modo, matarían?

¿Hay alguna diferencia entre matar y asesinar a sangre fría?

El Estado quiere que creáis que el asesinato resulta perfectamente defendible cuando responde a una necesidad puramente política. En realidad, el Estado necesita que lo creáis para poder existir como entidad de poder.

Las religiones quieren que creáis que el asesinato resulta perfectamente defendible para extender y mantener el conocimiento de, y la adhesión a, su verdad particular. En realidad, las religiones requieren que lo creáis para poder existir como entidad de poder.

La sociedad quiere que creáis que el asesinato resulta perfectamente defendible para castigar a aquellos que cometen determinados delitos (que han ido cambiando a lo largo del tiempo). En realidad, la sociedad depende de que lo creáis para poder existir como entidad de poder.

¿Crees que estas posturas son correctas? ¿Crees lo que otros afirman al respecto? ¿Qué tienes Tú que decir?

No hay nada «correcto» o «incorrecto» en estas cuestiones.

Pero vuestras decisiones al respecto configuran un retrato de Quiénes Sois.

En realidad, las decisiones de vuestros Estados y naciones han configurado ya tales retratos.

A través de sus decisiones, vuestras religiones han dejado unas huellas duraderas e imborrables. También vuestras sociedades, mediante sus decisiones, han creado sus propios autorretratos.

¿Os complacen tales retratos? ¿Son esas las huellas que queríais dejar? ¿Representan esos retratos Quienes Sois?

Ten cuidado con estas preguntas: pueden requerir que pienses.

Pensar es difícil. Hacer juicios de valor es difícil. Te coloca en una situación de pura creación, puesto que muchas veces tendrás que decir: «no lo sé; simplemente, no lo sé». Sin embargo, tendrás que decidir. Y, por lo tanto, tendrás que _elegir_. Tendrás que elegir una opción arbitraria.

Esta opción —una decisión que no proviene de _ningún conocimiento personal previo_— se denomina _creación pura_. Y el individuo es consciente, profundamente consciente, de que mediante la toma de tales decisiones se crea el _Yo._

La mayoría de vosotros no estáis interesados en esta importante tarea. La mayoría de vosotros preferís dejarla para los demás. Y la mayoría de vosotros no sois auto-creadores, sino criaturas de la costumbre, criaturas de otros creadores.

Entonces, cuando los otros os han dicho lo que debéis sentir, y esto va directamente en contra de los que vosotros _sentís_, experimentáis un profundo conflicto interior. Algo dentro de vosotros os dice que lo que otros os han dicho no coincide con _Quienes Sois_. ¿A dónde acudir, pues? ¿Qué hacer?

A los primeros que acudís es a vuestros religiosos, a las personas que situáis en primer lugar. Acudís a vuestros curas, rabinos, ministros y pastores, y éstos os dicen que dejéis de _escucharos_ a vosotros mismos. Los peores de entre ellos tratarán de _ahuyentar_ en vosotros lo que intuitivamente _sabéis._

Os hablarán del diablo, de Satanás, de todos los demonios y espíritus del mal, del infierno y la condenación, y de cualquier cosa espantosa que ellos _crean_ que _os_ hará ver que todo lo que intuitivamente pensáis y sentís está _equivocado_, y que el único lugar en el que hallaréis consuelo es _su_ pensamiento, su _idea_, su _teología_, _sus_ definiciones de lo correcto y lo equivocado, y su _concepto de Quiénes Sois_.

Lo más seductor del asunto es que todo lo que tenéis que hacer para lograr su aprobación instantánea es _aceptarlo_. Aceptadlo, y obtendréis su aprobación al momento. Algunos incluso cantarán, chillarán y bailarán, agitando los brazos y exclamando: ¡Aleluya!

Es difícil resistirse a estas manifestaciones de aprobación, de regocijo porque habéis visto la luz; ¡porque habéis sido _salvados_!

Pero tal aprobación y tales demostraciones rara vez se ven acompañadas de una decisión interna. Tales celebraciones rara vez se ven acompañadas de la decisión de seguir una verdad personal. En realidad, sucede todo lo contrario. No sólo es posible que los demás no lo celebren, sino que realmente te pongan en ridículo. ¿Piensas por _ti mismo_? ¿Decides por _ti mismo_? ¿Aplicas tus propios criterios, tus propias opiniones, tus propios valores? _¿Quién te crees que eres?_

Y, en realidad, <u>esa es precisamente la pregunta a la que respondes</u>.

Pero la tarea debe realizarse de un modo mucho más solitario; sin recompensas, sin aprobaciones, quizás incluso sin que nadie tenga noticia.

De modo que tu pregunta era muy buena. ¿Para qué seguir? ¿Para qué siquiera ponerse en camino? ¿Qué se gana emprendiendo en este viaje? ¿Qué incentivo <u>hay</u>? ¿Qué razón <u>hay</u>?

La razón es ridículamente simple:

NO SE PUEDE HACER OTRA COSA.

¿Qué significa eso?

Significa que es el único juego al que puedes jugar. No hay otra cosa que hacer. En realidad, no <u>puedes</u> hacer otra cosa. Vas a seguir haciendo lo que haces durante el resto de tu vida, tal como has estado haciendo desde tu nacimiento. La única cuestión es si lo harás consciente o inconscientemente.

Fíjate: no puedes <u>dejar de emprender</u> este viaje. Lo emprendiste antes de nacer. Tu nacimiento fue simplemente una señal de que el viaje ha empezado.

De modo que la pregunta no es: ¿para qué ponerse en camino?. <u>Ya te</u> has puesto en camino. Lo hiciste con el primer latido de tu corazón. La pregunta es: ¿quiero recorrer este camino conscientemente, o inconscientemente? ¿Con conocimiento, o sin él? ¿Cómo causa de mi experiencia, o como efecto de ella?

La mayor parte de tu vida has vivido como efecto de tus experiencias. Ahora, te invito a que seas la causa de ellas. Eso es lo que se conoce como vida consciente. Es lo que se denomina <u>caminar con conciencia.</u>

Ahora bien: muchos de vosotros han recorrido bastante distancia, como ya he dicho. Tú no has avanzado poco. De modo que no debes pensar que, después de todas esas vidas, «sólo» has llegado hasta aquí. Algunos de vosotros sois criaturas muy evolucionadas, con un sentido del Yo muy certero. Sabéis Quiénes Sois, y sabéis quiénes os gustaría llegar a ser. Además, sabéis incluso el modo de pasar de lo uno a lo otro.

Esto constituye una gran señal; una indicación segura.

¿De qué?

Del hecho de que os faltan ya muy pocas vidas.

¿Eso es bueno?

Lo es para ti en este momento. Y ello es así porque tú dices que es así. No hace mucho tiempo todo lo que querías hacer era permanecer aquí; ahora todo lo que quieres hacer es irte. Esto es una muy buena señal.

No hace mucho tiempo matabas las cosas: insectos, plantas, árboles, animales, _personas_; ahora no puedes matar sin saber exactamente lo que estás haciendo, y por qué. Y esto es una muy buena señal.

No hace mucho tiempo vivías la vida como si pensaras que no tiene objetivo alguno. Ahora _sabes_ que no tiene ningún objetivo, salvo el que _tú le des. Y esto_ es una muy buena señal.

No hace mucho tiempo suplicabas al universo que te mostrara la Verdad. Ahora tú le _dices_ al universo _tu_ verdad. Y esto es una _muy_ buena señal.

No hace mucho tiempo aspirabas a ser rico y famoso. Ahora aspiras a ser, sencilla y maravillosamente, _Tú mismo_.

Y no hace mucho tiempo Me _temías_. Ahora Me _amas_, lo suficiente como para considerarme tu igual.

Y todo esto es una muy, _muy_ buena señal.

Bueno, ¡cielos...! Haces que me sienta bien.

Tienes que sentirte bien. ¡Nadie que utilice la palabra «cielos» en una frase puede sentirse mal!

¡Realmente tienes sentido del humor!, ¿sabes?...

¡Yo _inventé_ el humor!

Sí, ya me lo habías dicho. De acuerdo. Entonces, la razón para continuar es que no puedes hacer otra cosa. Esto es lo que está pasando ahora.

Exactamente.

Entonces, ¿puedo preguntarte si, al menos, será un poco más fácil?

¡Ah, mi querido amigo! Ni siquiera puedo decirte si es mucho más fácil para ti _ahora_ que hace tres vidas.

Pero sí... será más fácil. Cuanto más recuerdes, más podrás experimentar, y más sabrás, por decirlo así. Y cuanto más sepas, más recordarás. Se trata de un círculo. De modo que sí: cada vez es más fácil, cada vez es mejor; incluso cada vez produce mayor alegría.

Pero recuerda: ninguna de esas vidas ha sido en vano. Quiero decir, que las has amado todas. *¡Cada minuto pasado! ¡Ah! ¡Es delicioso eso que llaman vida! ¡Es una experiencia «de rechupete»!, ¿no?*

Bueno, sí, supongo...

¿Supones? ¿Podía haberla hecho mejor? ¿Acaso no os permite experimentarlo todo: *las lágrimas, la alegría, el dolor, el regocijo, la exaltación, la depresión, la victoria, la derrota, el empate...? ¿Qué más* puede *haber?*

Quizás un poco menos de dolor.

Menos dolor sin más sabiduría frustraría vuestro propósito; no os permitiría experimentar la alegría infinita, que es lo Que Yo Soy.

Sé paciente. Estás *ganando en sabiduría. Y tus alegrías cada vez resultan más asequibles* sin *dolor. También eso es una muy buena señal.*

Estás aprendiendo a (recordando cómo) amar sin dolor; a dejarte llevar sin dolor; a crear sin dolor; incluso a llorar sin dolor. Sí, incluso puedes experimentar tu dolor *sin dolor, si sabes lo que significa.*

Creo que lo hago. Incluso disfruto más de los dramas de mi propia vida. Puedo distanciarme y verlos tal como son. E incluso reír.

Exacto. ¿Y no llamarías a eso crecimiento?

Supongo que sí.

Entonces, sigue creciendo, hijo Mío. Sigue haciéndote. Y sigue decidiendo lo que quieres llegar a ser en la siguiente —y superior— versión de Ti mismo. Sigue trabajando por ello. ¡Continúa! Lo que tenemos entre manos, tú y Yo, es la obra de Dios. ¡Continúa, pues!

10

Te amo. ¿Lo sabes?

Lo sé. Y Yo te amo a ti.

11

Me gustaría volver a mi lista de preguntas. ¡Hay tantos detalles que quisiera añadir a cada una de ellas! Podríamos escribir un libro entero sólo sobre las relaciones, lo sé. Pero entonces nunca pasaríamos a mis otras preguntas.

Habrá otros momentos y otros lugares. Incluso otros libros. Yo estoy contigo. Sigamos, pues. Ya volveremos sobre ello si tenemos tiempo.

De acuerdo. Entonces, mi siguiente pregunta era: ¿Por qué parece que nunca en mi vida puedo conseguir el dinero suficiente? ¿Estoy destinado a estar siempre sin un duro y haciendo equilibrios? ¿Qué es lo que me impide realizar mi pleno potencial en lo que respecta al dinero?

Esta circunstancia no sólo se manifiesta en tu caso, sino en el de muchísimas personas.

Todo el mundo me dice que es un problema de autoestima; de falta de autoestima. He tenido a una docena de maestros «nueva era» diciéndome que esta carencia de todo siempre es consecuencia de una falta de autoestima.

Resulta una simplificación muy conveniente. En este caso, tus maestros están equivocados. Tú no padeces una falta de autoestima. En realidad, el mayor obstáculo de tu vida ha sido el control de tu ego. ¡Incluso se podría decir que tienes <u>demasiada</u> autoestima!

Bueno, de nuevo me siento turbado y disgustado, pero tienes razón.

Sigues diciendo que te sientes turbado y disgustado cada vez que te digo simplemente la verdad sobre ti. <u>La turbación es la respuesta de una persona que todavía tiene un ego preocupado por cómo lo ven los demás.</u> Invítate a ti mismo a ir más allá. Prueba una nueva respuesta. Prueba la risa.

De acuerdo.

Tu problema no es la autoestima. Has sido dotado de ella en abundancia. Como la mayor parte de la gente. Todos vosotros pensáis muy bien vosotros mismos; como debe ser. De modo que, para la gran mayoría de la gente, el problema no es la autoestima.

¿Cuál es, entonces?

El problema consiste en no entender los principios de la abundancia; unido, normalmente, a un juicio bastante equivocado acerca de lo que es «bueno» y lo que es «malo».
Permíteme que te ponga un ejemplo.

No faltaría más.

Tienes la idea de que el dinero es malo. Tienes también la idea de que Dios es bueno. ¡Jesús! Por lo tanto, en tu sistema de pensamiento Dios y el dinero no son compatibles.

Bueno, en cierto sentido supongo que es exacto. Así es como pienso.

Esto pone las cosas muy interesantes; puesto que, en consecuencia, hace que te resulte difícil aceptar dinero a cambio de algo bueno.
Quiero decir que, si consideras que algo es muy «bueno», su valor en términos de dinero es <u>menor</u> para ti. Así, cuanto «mejor» es algo (es decir, cuanto más merece la pena), menos <u>dinero</u> vale.
No eres el único que piensa así. Toda tu sociedad lo cree. Por eso los maestros ganan una miseria, y los artistas del porno una fortuna. Vuestros dirigentes ganan tan poco en comparación con las figuras del deporte, que consideran que tienen que robar para compensar la diferencia. Vuestros curas y rabinos viven a base de pan y agua, mientras llenáis de dinero a los artistas.

Piensa en ello. Todo aquello a lo que le dais un alto valor <u>intrínseco</u> os empeñáis en que se debe poder obtener por poco dinero. El investigador científico solitario que busca un remedio para el SIDA tiene que mendigar el dinero, mientras que la mujer que escribe un libro sobre las cien nuevas maneras de practicar el sexo, edita casetes y crea seminarios de fin de semana sobre la materia... gana una fortuna.

Sois muy propensos a esta idea de «el mundo al revés», y ello es consecuencia de un pensamiento equivocado.

El pensamiento equivocado es vuestra idea del dinero. Lo amáis, y sin embargo decís que es la raíz de todo mal. Lo adoráis, y no obstante lo llamáis «el vil metal». Decís que una persona es «asquerosamente rica». Y si alguien <u>se hace</u> rico haciendo cosas «buenas», inmediatamente os resulta sospechoso. Decís que es «injusto».

Así, un médico haría mejor no ganando <u>demasiado</u> dinero, o haría mejor aprendiendo a ser discreto al respecto. ¡Y no digamos un <u>ministro</u>! <u>Realmente</u> hará mejor en no ganar montones de dinero, o es seguro que tendrá problemas.

Como puedes ver, según <u>vuestro</u> modo de pensar, <u>la persona que elige la más alta vocación debe ser la peor pagada...</u>

Hummm...

Sí, «hummm» es correcto. <u>Debes</u> pensar en ello, pues es un pensamiento equivocado.

Creía que no había nada que fuera equivocado o correcto.

No lo hay. Sólo hay lo que te sirve, y lo que no te sirve. Los términos «correcto» o «equivocado» son relativos, y siempre que los utilizo lo hago en ese sentido. En este caso, en relación a lo que te sirve —en relación a lo que dices que <u>quieres</u>—, tus pensamientos sobre el dinero son pensamientos equivocados.

Recuerda que los pensamientos son creadores. De modo que, si piensas que el dinero es malo, y sin embargo piensas que tú eres bueno... en fin, el conflicto es evidente.

Ahora bien: tú particularmente, hijo Mío, muestras en este asunto una conciencia especialmente acusada. Para la mayoría de las personas el conflicto no es, ni mucho menos, tan enorme como para ti. La mayoría de la gente hace cosas que detesta para poder vivir, de modo que no les mo-

lesta ganar dinero con ello. «Mal por mal...», suelen decir. Pero tu amas lo que haces con los días de tu vida. Adoras las actividades con las que los llenas.

En consecuencia, para ti obtener grandes cantidades de dinero por lo que haces sería, según tu sistema de pensamiento, obtener «mal» por «bien», lo cual te resulta inaceptable. Antes preferirías morir de hambre que ganar «el vil metal» por un servicio que consideras puro... como si de algún modo el servicio perdiera su pureza si ganaras dinero con él.

He aquí, pues, la auténtica ambivalencia respecto al dinero. Una parte de ti lo rechaza, y una parte de ti siente no tenerlo. Ahora bien, el universo no sabe qué hacer con eso, puesto que recibe de ti dos pensamientos diferentes. De modo que tu vida, por lo que respecta al dinero, va a seguir funcionando a rachas porque tú sigues funcionando a rachas en relación al dinero.

No tienes un objetivo claro; no estás realmente seguro de qué es para ti lo verdadero. Y el universo viene a ser como una gran fotocopiadora: simplemente produce una serie de copias de tus pensamientos.

Ahora bien: sólo hay una manera de cambiar todo esto. Tienes que cambiar tu pensamiento sobre ello.

¿Cómo puedo cambiar mi manera de pensar? Mi manera de pensar respecto a algo es mi manera de pensar. Mis pensamientos, mis actitudes, mis ideas no se han creado en un minuto. Tengo que suponer que son el resultado de años de experiencia, de toda una vida de dificultades. Tienes razón acerca de mi modo de pensar respecto al dinero, pero ¿cómo puedo cambiarlo?

Esta podría ser la pregunta más interesante de este libro. El método habitual de creación para la mayoría de los seres humanos es un proceso de tres etapas que comprende el pensamiento, la palabra y la obra o la acción.

Primero viene el pensamiento, la idea generadora, el concepto inicial. Luego viene la palabra. La mayoría de los pensamientos se transforman en palabras, que a menudo luego son escritas o pronunciadas. Esto proporciona energía añadida al pensamiento, lanzándolo al mundo, donde puede ser percibido por otros.

Finalmente, en algunos casos las palabras se convierten en acción, y se obtiene lo que se llama un resultado; una manifestación en el mundo físico de lo que empezó siendo un pensamiento.

Todo lo que os afecta en vuestro mundo artificial surge de este modo, con pequeñas variaciones. Utilizando los tres centros de creación.

Pero aquí se plantea una pregunta: ¿cómo cambiar un Pensamiento Promotor?

Sí, realmente es una buena pregunta. Y muy importante; puesto que, si los humanos no cambian algunos de sus Pensamientos Promotores, la humanidad podría verse condenada a extinguirse.

El modo más rápido de cambiar un pensamiento raíz, o una idea promotora, es <u>invertir el proceso pensamiento-palabra-obra.</u>

Explícamelo.

Realiza la acción que quieras que lleve consigo el nuevo pensamiento. Luego pronuncia las palabras que quieras que lleve consigo tu nuevo pensamiento. Hazlo bastante a menudo, y enseñarás a tu mente a <u>pensar de una nueva manera.</u>

¿Enseñar a la mente? ¿Eso no es control de la mente? ¿No es simplemente manipulación mental?

¿Tienes idea de cómo tu mente ha llegado a tener los pensamientos que ahora tiene? ¿Sabes que tu mundo ha manipulado a tu mente para que piense como lo hace? <u>¿No sería mejor que fueras tú quien manipulara tu mente, y no el mundo?</u>

¿No sería mejor que pensaras los pensamientos que <u>tú</u> quieres pensar, y no los de los demás? ¿No estás mejor pertrechado con pensamientos creadores que con pensamientos reactivos?

<u>Sin embargo, tu mente está llena de pensamiento reactivo, pensamiento que brota de la experiencia de otros. Muy pocos de tus pensamientos brotan de datos producidos por ti mismo, y aún menos de</u> preferencias <u>producidas por ti mismo.</u>

Tu propio pensamiento raíz respecto al dinero constituye en primer ejemplo. Tu pensamiento respecto al dinero (el dinero es malo) va directamente en contra de tu experiencia (¡es estupendo tener dinero!). De modo que tienes que mentirte a ti mismo acerca de tu experiencia con el fin de justificar tu pensamiento raíz.

Dicho pensamiento se halla tan <u>arraigado</u>, que ni siquiera se te ocurre la posibilidad de que tu <u>idea</u> respecto al dinero <u>pueda ser inexacta</u>.

De modo que lo que nos interesa es que surjan datos producidos por nosotros mismos. Y *así* es como cambiamos un pensamiento raíz, y hacemos que sea *tu* pensamiento raíz, y no el de algún otro.

Por cierto: tienes otro pensamiento raíz respecto al dinero que aún no he mencionado.

¿Cuál es?

Que no hay bastante. En realidad, tienes este mismo pensamiento raíz respecto a todo. No hay bastante dinero, no hay bastante tiempo, no hay bastante amor, no hay bastante comida, agua, compasión en el mundo... De cualquier cosa que sea buena resulta que *no hay bastante.*

Esta carrera consciente hacia el «nunca-hay-bastante» crea el mundo tal como lo ves.

De acuerdo. Entonces, tengo dos pensamientos raíz —dos Pensamientos Promotores— que cambiar respecto al dinero.

¡Bueno, dos como mínimo! Probablemente sean muchos más. Veamos... el dinero es malo... el dinero es escaso... no se puede recibir dinero por realizar la obra de Dios (en tu caso, este es importante)... el dinero nunca se da libremente... el dinero no crece en los árboles (cuando, en realidad, sí lo hace)... el dinero corrompe...

Veo que tengo mucho que hacer.

En efecto, dado que no estás contento con tu situación económica actual. Por otra parte, es importante entender que estás descontento con tu situación económica actual *porque* estás descontento con tu situación económica actual.

A veces se me hace difícil seguirte...

A veces se me hace difícil guiarte...

Escucha: eres Tú quien es Dios. ¿Por qué no lo pones de manera que sea más fácil de entender?

Ya lo *he* puesto de manera que sea fácil de entender.

Entonces ¿por qué simplemente no haces que lo entienda, si es eso lo que realmente quieres?

Yo realmente quiero lo que tú realmente quieras; nada más y nada menos. ¿No ves que ese es el mayor don que te he dado? Si Yo quisiera para ti algo distinto de lo que tú quieres para ti, y luego llegara al extremo de <u>hacer que lo tuvieras</u>, ¿dónde queda tu libre albedrío? ¿Cómo puedes ser un ente creador si Yo dicto lo que vas a ser, hacer y tener? <u>Mi alegría reside en tu libertad, no en tu obediencia</u>.

De acuerdo. ¿Decías que no estoy contento con mi situación económica porque no estoy contento con mi situación económica?

Tú eres lo que piensas que eres. Cuando el pensamiento es negativo, se trata de un círculo vicioso. Tienes que encontrar un modo de romper el círculo.

Así, una gran parte de tu experiencia actual se basa en tu pensamiento previo. El pensamiento guía a la experiencia, que a su vez guía al pensamiento, que a su vez guía a la experiencia. Cuando el Pensamiento Promotor es alegre, esto puede producir una alegría constante. Cuando el Pensamiento Promotor es infernal, puede producir —y de hecho produce— un continuo infierno.

El truco consiste en cambiar el Pensamiento Promotor. Me disponía a ilustrarte acerca de cómo hacerlo.

Adelante.

Gracias.
Lo primero que hay que hacer es invertir el paradigma pensamiento-palabra-obra. ¿Recuerdas el viejo adagio: «piénsalo antes de hacerlo»?

Sí.

Bueno, pues olvídalo. Si quieres cambiar un pensamiento raíz, tienes que <u>hacerlo antes de pensarlo</u>.
Por ejemplo: vas andando por la calle y te cruzas con una anciana que pide limosna. Te das cuenta de que está en los huesos y de que sobrevive día tras día. Instantáneamente sabes que, por poco dinero que lleves, seguramente tienes el suficiente como para compartirlo con ella. Tu primer impulso es darle algunas monedas. Una parte de ti incluso está dispuesta

a meter la mano en el bolsillo buscando algún billete de mil. ¡Qué demonios! ¡Será estupendo para ella! ¡Ayúdala!

Entonces, aparece el pensamiento. ¿Estás loco? ¡Sólo <u>tenemos</u> dos mil pesetas para pasar todo el día! ¿Y quieres darle mil a ella? Entonces tu mano empieza a vacilar.

Otra vez el pensamiento: ¡Eh, venga ya! ¡No tienes tanto como para que vayas <u>regalándolo</u>! ¡Por lo que más quieras: dale algunas monedas, y lárgate!

Rápidamente buscas en tu otro bolsillo tratando de sacar algunas monedas. Pero tus dedos sólo tantean duros y pesetas. Te sientes turbado. ¡Tú, tan bien vestido y tan bien alimentado, vas a darle a esta pobre mujer que nada tiene unos pocos duros y algunas pesetas!

Tratas en vano de encontrar al menos una moneda de cien. ¡Ah!, aquí hay una, en el fondo del bolsillo. Pero entre tanto has pasado de largo, sonriendo tristemente, y ya es demasiado tarde para volver atrás. Ella no consigue nada; y tampoco tú consigues nada. En lugar de la alegría de ser consciente de tu abundancia y de compartirla, ahora te sientes tan pobre como la mujer.

¿Por qué <u>simplemente no le diste el billete</u>? Tú primer impulso fue ese, pero luego se interpuso tu pensamiento.

La próxima vez, decide actuar antes de pensar. Dale el dinero. ¡Adelante! Tienes suficiente, y conseguirás más. Ese es el único pensamiento que te diferencia de la mujer. Tú sabes con certeza que conseguirás más, mientras que ella no lo sabe.

Cuando quieras cambiar un pensamiento raíz, obra de acuerdo con la nueva idea que tengas. Pero debes actuar con rapidez, o tu mente matará la idea antes de que te des cuenta. Y lo digo literalmente. La idea, la nueva verdad, morirá en ti antes <u>de que hayas tenido la oportunidad de ser consciente de ella.</u>

Así pues, actúa con rapidez cuando surja la oportunidad; y, si lo haces bastante a menudo, tu mente pronto <u>hará suya la idea</u>. Y será tu nuevo pensamiento.

Creo que algo entiendo. ¿Es a esto a lo que alude el llamado Movimiento del Nuevo Pensamiento?

Si no lo es, debería serlo. El nuevo pensamiento en tu única posibilidad. Es tu única oportunidad real de evolucionar, de crecer, de ser de verdad Quien Realmente Eres.

En este momento tu mente está llena de viejos pensamientos. No sólo de viejos pensamientos, sino, en su mayor parte, de viejos pensamientos de algún otro. Ahora, en este momento, lo importante es <u>cambiar tu mente</u> a este respecto. En esto consiste la evolución.

12

¿Por qué no puedo hacer lo que realmente quiero y al mismo tiempo ganarme la vida?

¿Qué? ¿Quieres decir que realmente pretendes pasarlo bien en la vida, y al mismo tiempo ganar lo suficiente para vivir? ¡Muchacho, tú estás soñando!

¿Cómo...?

¡Era broma! Estaba respondiendo como lo haría una mente estrecha. Pero fíjate que ese ha sido tu pensamiento al respecto.

Esa ha sido mi experiencia.

Sí. Bueno, ya hemos hablado de esto varias veces. Las personas que se ganan la vida haciendo lo que les gusta son las personas que se empeñan en conseguirlo. No se rinden. Nunca ceden. Desafían a la vida si no les deja hacer lo que les gusta.

Pero hay otro elemento que se debe mencionar aquí, pues se trata de un elemento que se halla ausente en el razonamiento de la mayoría de las personas cuando inician su vida laboral.

¿Cuál es?

Hay una diferencia entre ser y hacer, y la mayoría de la gente da más importancia a lo segundo.

¿Y no debería?

No es una cuestión de si «debería» o «no debería». Es una cuestión de qué eliges, y cómo puedes conseguirlo. Si tú eliges la paz, la alegría y el amor, no conseguirás mucho a través de lo que hagas. Si escoges la felicidad y el contento, poco de eso lograrás por la vía del hacer. Si eliges la unión con Dios, un conocimiento supremo, una profunda sabiduría, una compasión sin límites, una conciencia total, una plena realización, poco de eso lograrás como resultado de lo que hagas.

En otras palabras, si eliges la <u>evolución</u> —la evolución de tu alma—, no vas a conseguirla a través de las actividades mundanas de tu cuerpo.

<u>Hacer</u> es una función del cuerpo. <u>Ser</u> es una función del alma. El cuerpo siempre está haciendo <u>algo</u>. Cada minuto de cada día tiene algo entre manos. Nunca se detiene, nunca descansa; constantemente está <u>haciendo</u> algo.

O bien hace lo que hace por mandato del alma, o bien lo hace a pesar del alma. La calidad de tu vida depende de qué predomine en este equilibrio.

El alma siempre está <u>siendo</u>. Está siendo lo que está siendo independientemente de lo que haga el cuerpo, no <u>a consecuencia</u> de lo que haga el cuerpo.

Si piensas que ti vida se basa en el hacer, no entiendes de qué va.

A tu alma no le importa lo <u>que</u> hagas para ganarte la vida (y cuando tu vida termine, tampoco a ti te importará qué hayas hecho). A tu alma sólo le importa qué <u>eres</u> mientras haces <u>lo que hagas</u> para ganarte la vida.

Lo que el alma busca es el estado del ser; no el estado del hacer.

¿Qué quiere ser el alma?

Yo.

¿Tú?

Sí, Yo. Tu alma es Yo, y lo sabe. Lo que hace es tratar de <u>experimentarlo</u>. Y lo que recuerda es que la mejor forma de tener esta experiencia <u>no es haciendo algo</u>. Eso no tiene nada que ver con ser.

¿Con ser qué?

Cualquier cosa que quieras ser. Feliz. Triste. Débil. Fuerte. Alegre. Vengativo. Perspicaz. Ciego. Bueno. Malo. Macho. Hembra. Lo que quieras.

Lo digo literalmente: <u>lo que quieras</u>.

Todo eso es muy profundo, ¿pero qué tiene que ver con mi ocupación? Trato de encontrar una manera de seguir vivo, de sobrevivir, de mantenerme a mí mismo y a mi familia, haciendo lo que me gustaría hacer.

Trata de ser lo que te gustaría ser.

¿Qué quieres decir?

Algunas personas ganan montones de dinero haciendo lo que hacen; otras apenas ganan, y <u>hacen lo mismo</u>. ¿Dónde está la diferencia?

Algunas personas tienen más capacidad que otras.

Ese es un primer aspecto; pero vamos al segundo. Imaginemos dos personas con unas capacidades relativamente iguales. Ambas se licenciaron en la universidad, ambas fueron el número uno de su promoción, ambas conocen lo esencial de su trabajo, ambas saben cómo utilizar sus instrumentos con gran facilidad; sin embargo, una lo hace mejor que la otra, una prospera mientras la otra sigue luchando. ¿A qué se debe?

A la situación.

¿A la situación?

Alguien me dijo una vez que, cuando uno inicia un nuevo negocio, sólo ha de tener en cuenta tres cosas: la situación, la situación y la situación.

En otras palabras: no «¿qué vas a hacer?», sino «¿dónde vas a estar?».

Exactamente.

Eso suena también como mi respuesta a tu pregunta. Al alma sólo le preocupa dónde vas a estar.

¿Vas a estar en un lugar llamado temor, o en un lugar llamado amor? ¿Dónde estás —y de dónde vienes— cuando te encuentras con la vida?

Ahora bien: en el ejemplo de los dos trabajadores igualmente cualificados, uno tiene éxito y el otro no, no debido a lo que hace cualquiera de los dos, sino debido a lo que ambos son.

Una persona es abierta, amistosa, cuidadosa, servicial, considerada, animada, confiada, y además está contenta con su trabajo, mientras que la otra es cerrada, distante, descuidada, desconsiderada, gruñona, y está resentida por hacer lo que hace.

¿Y si escogieras los estados más elevados del ser? ¿Y si eligieras la bondad, la misericordia, la compasión, el conocimiento, el perdón, el amor? ¿Qué pasaría si escogieras la santidad? ¿Cuál sería entonces *tu experiencia?*

Te lo aseguro:

El ser atrae al ser, y produce experiencia.*

No estás en este planeta para producir nada con tu cuerpo. Estás en este planeta para producir algo con tu alma. Tu cuerpo es, simple y llanamente, el instrumento de tu alma. Tu mente es la fuerza que hace que el cuerpo funcione. De modo que lo que tienes es una poderosa herramienta, utilizada en la creación del deseo del alma.

¿Cuál *es* el deseo del alma?

¡Eso mismo!: ¿cuál es?

No lo sé. Te lo pregunto a ti.

No lo sé. Te lo pregunto a ti.

Podemos seguir así indefinidamente.

Sí.

¡Un momento! No hace mucho has dicho que el alma aspira a ser Tú.

Así es.

167

Entonces, *ese* es el deseo del alma.

En un sentido amplio, sí. Pero ese Yo que aspira a ser es muy complejo, posee múltiples dimensiones, múltiples sentidos, múltiples facetas. Hay un millón de aspectos de Mí. Un billón. Un trillón. ¿Sabes? Incluye lo profano y lo profundo, lo más pequeño y lo más grande, lo más vacío y lo más sagrado, lo más horrible y lo más piadoso, ¿sabes?

Sí, sí, lo sé... el arriba y el abajo, la izquierda y la derecha, el aquí y el allí, el antes y el después, lo bueno y lo malo...

Precisamente. Yo <u>soy</u> la Alfa y la Omega. Eso no era sólo una frase bonita, o un concepto elegante. Era una Verdad expresada.
De modo que, al aspirar a ser Yo, el alma se enfrenta a una grandiosa tarea; un enorme menú de <u>posibilidades de ser</u> entre las que elegir. Y eso es lo que está haciendo en este momento.

Eligiendo estados del ser.

Sí; y produciendo luego las <u>condiciones</u> apropiadas y perfectas para crear la experiencia de ello. Es, pues, cierto que todo lo que te ocurre, o de lo que ocurre por mediación tuya, es en aras de un bien superior.

¿Quieres decir que mi alma está creando toda mi experiencia, incluyendo no sólo lo que yo hago, sino también todo lo que me ocurre

Digamos que tu alma te procura las <u>oportunidades</u> apropiadas y perfectas de que experimentes exactamente lo que has planeado experimentar. Lo que realmente experimentes depende de ti. Puede que sea lo que planeabas experimentar, o puede que sea otra cosa distinta, dependiendo de lo que hayas elegido.

¿Por qué elegiría algo que no quisiera experimentar?

No lo sé. ¿Por qué lo harías?

¿Quieres decir que a veces el alma desea una cosa, y el cuerpo o la mente desean otra?

¿Qué crees tú?

Pero ¿cómo el cuerpo, o la mente, se imponen al alma? ¿No consigue el alma siempre lo que quiere?

Tu espíritu aspira, en el más amplio sentido, al grandioso momento en el que tengas plena conciencia de sus deseos, y confluyas en gozosa unidad con ellos. Pero el espíritu no impondrá nunca jamás su deseo a la parte presente, consciente, física de ti.

El Padre no impondrá Su voluntad al Hijo. Hacer eso sería una violación de Su propia naturaleza, y, en consecuencia, es literalmente imposible.

El Hijo no impondrá Su voluntad al Espíritu Santo. Hacer eso sería ir contra su propia naturaleza, y, en consecuencia, es literalmente imposible.

El Espíritu Santo no impondrá su voluntad a tu alma. Hacer eso no forma parte de la naturaleza del espíritu , y, en consecuencia, es algo literalmente imposible.

Aquí es donde terminan las imposibilidades. La mente muy a menudo trata *de ejercer su voluntad sobre el cuerpo, y lo consigue. Del mismo modo, el cuerpo trata muy a menudo de controlar la mente, y frecuentemente con éxito.*

Sin embargo, el cuerpo y la mente juntos no tienen nada que hacer a la hora de controlar el alma, ya que el alma se halla totalmente libre de necesidad (a diferencia del cuerpo y la mente, que están encadenados a ella) y, por ello, deja que el cuerpo y la mente hagan siempre lo que quieran.

En cambio, para el alma no habría otro camino posible; puesto que, si la entidad que tú eres ha de crear —y, en consecuencia, conocer— quién es realmente, deberá hacerlo mediante un acto de volición consciente, no por un acto de obediencia inconsciente.

La obediencia no es creación; por lo tanto, nunca puede producir la salvación.

La obediencia es una respuesta, mientras que la creación es decisión pura, no exigida, no necesaria.

La decisión pura produce la salvación por medio de la creación pura de la idea más elevada en ese momento.

La función del alma consiste en indicar *su deseo, no en* imponerlo.

La función de la mente consiste en decidir *entre distintas alternativas.*

La función del cuerpo consiste en llevar a cabo *esa decisión.*

Cuando el cuerpo, la mente y el alma crean juntas, en unidad y armonía, Dios se hace carne.

Es entonces cuando el alma se conoce a sí misma en su propia experiencia.

Es entonces cuando los cielos se llenan de júbilo.

Ahora mismo, en este momento, tu alma te ha creado de nuevo una oportunidad de ser, hacer y tener lo necesario para conocer Quién Eres Realmente.

Tu alma te ha <u>conducido</u> hacia las palabras que estás leyendo en este momento, igual que antes te había conducido hacia palabras de verdad y sabiduría.

¿Qué harás ahora? ¿Qué decidirás ser?

Tu alma espera, y observa con interés, como ha hecho muchas otras veces.

Si lo entiendo bien, ¿dices que mi éxito mundano (sigo intentando que hablemos de mi ocupación) vendrá determinado por el estado de ser que yo elija?

A mí no me preocupa tu éxito mundano; sólo a ti.

Es cierto que, cuando alcanzas determinados estados del ser durante un período de tiempo prolongado, resulta muy difícil eludir el éxito en aquello que estés haciendo en el mundo. Pero no debes preocuparte por «ganarte la vida». <u>Los auténticos Maestros son aquellos que han elegido ganar la vida, en lugar de ganarse la vida.</u>

De determinados estados del ser brotará una vida tan rica, tan plena, tan magnífica y tan valiosa, que los bienes y el éxito mundanos dejarán de preocuparte.

La ironía de la vida es que, en cuanto los bienes y el éxito mundanos dejan de preocuparte, éstos empiezan a afluir hacia ti.

Recuerda que no puedes tener lo que quieres, sino que puedes experimentar lo que tienes.

¿No puedo tener lo que quiero?

No.

Ya me lo habías dicho antes, muy al principio de nuestro diálogo.

Sin embargo, no lo entiendo. Creía que me habías dicho que podía tener cualquier cosa que quisiera. «Tal como pienses, tal como creas, así se te dará», y todo eso.

Las dos afirmaciones no se contradicen entre sí.

¿No? Pues a mí me lo parece.

Eso es porque te falta entendimiento.

Lo admito. Por eso es por lo que estoy hablando contigo.

Te lo explicaré. No puedes tener nada que quieras. El propio acto de querer algo aleja ese algo de ti, tal como ya dije en el primer capítulo.

Bueno, puede que ya lo dijeras, pero me estoy perdiendo por momentos.

Trata de seguirme. Voy a repasarlo de nuevo con más detalle. Volvamos a un punto que sí entiendes: el pensamiento es creador. ¿De acuerdo?

De acuerdo.

La palabra es creadora. ¿Vale?

Vale.

La acción es creadora. Pensamiento, palabra y obra son los tres niveles de creación. ¿Me sigues?

Perfectamente.

Bien. Ahora vayamos de momento al tema del «éxito mundano», que es de lo que hablabas y sobre lo que me preguntabas.

¡Magnífico!

Entonces, ¿tú tienes el pensamiento: «Yo quiero el éxito mundano»?

Sí, a veces.

¿Y a veces tienes también el pensamiento: «Yo quiero más dinero»?

Sí.

Entonces, no puedes tener ni éxito mundano <u>ni</u> más dinero.

¿Por qué *no*?

Porque el universo no puede hacer otra cosa que producir <u>la manifestación directa de tu pensamiento.</u>
Tu pensamiento es: «Yo quiero el éxito mundano». Has de entender que el poder creador es como un genio en una botella. Tus palabras son órdenes para él. ¿Lo entiendes?

Entonces, ¿por qué no tengo más éxito?

Ya te lo he dicho: porque tus palabras son órdenes para él. Tus palabras son: «Yo quiero éxito». Y el universo responde: «De acuerdo».

No estoy seguro de seguirte.

Míralo de este modo. La palabra «yo» es la clave que pone en marcha el motor de la creación. Las palabras «yo quiero» son sumamente poderosas. Son afirmaciones al universo. Órdenes.
Ahora bien: cualquier cosa que siga a la palabra «yo» (que hace que surja el Gran Yo Soy) tiende a manifestarse en realidad física.
Por lo tanto, «yo» + «quiero éxito» produce que tú <u>quieras éxito</u>. «Yo» + «quiero dinero» produce necesariamente que tú <u>quieras dinero</u>. Y no puede producir otra cosa, ya que los pensamientos y las palabras son creadores. También lo son los actos. Y si tú <u>actúas</u> de un modo que afirme que quieres éxito y dinero, entonces tus pensamientos, palabras y actos están de acuerdo, y puedes estar <u>seguro</u> de que tendrás la experiencia de este «querer».
¿Lo ves?

¡Sí! ¡Dios mío! ¿Realmente funciona así?

¡Y tanto! Eres un <u>*creador sumamente poderoso*</u>*. Ahora bien, te concedo que si has tenido un pensamiento, o has hecho una afirmación, sólo una vez —por ejemplo, en un momento de enfado o de frustración—, no es probable que vayas a convertir tales pensamientos o palabras en realidad. Así, no debe preocuparte decir «¡Muérete!» o «¡Vete al infierno!», o todas las demás cosas poco agradables que a veces dices o piensas.*

¡Gracias a Dios!

No hay de qué. Sin embargo, si repites un pensamiento, o pronuncias una palabra, una y otra vez —no una vez ni dos, sino docenas, centenares, millares de veces—, no tienes ni idea de su poder creador.
<u>*Un pensamiento o una palabra expresado y vuelto a expresar se*</u> <u>*convierte justamente en eso: en* expresado. Es decir, en algo *exterioriza-*</u>*do.* <u>*Se convierte en algo realizado externamente. Se convierte en tu reali-*</u><u>*dad física.*</u>

¡No te fastidia!

Eso es exactamente lo que muy a menudo produce: <u>*fastidio*</u>*. Vosotros amáis el fastidio, el pesar, el drama; es decir, en tanto no hagáis otra cosa. Habrá un determinado momento en vuestra evolución en el que dejaréis de amar el drama, dejaréis de amar la «historia» que habéis vivido hasta ahora. Es entonces cuando decidiréis —elegiréis activamente— cambiarla. Sólo que la mayoría no sabe cómo hacerlo; y tú ahora sí lo sabes. Para cambiar tu realidad, simplemente* <u>*deja de pensar como lo*</u> <u>*haces.*</u>
En este caso, en lugar de pensar: «Yo quiero éxito», piensa: «Yo tengo éxito».

Me parece que es mentirme a mí mismo. Sería burlarme de mí mismo decir eso. Mi mente me gritaría: «¡No digas idioteces!».

Entonces, piensa un pensamiento que puedas *aceptar: «Ahora voy a tener éxito», o «Cada vez estoy más cerca del éxito».*

Así que ese es el truco de las técnicas de afirmación que utilizan determinadas corrientes de la Nueva Era...

Las afirmaciones no funcionan si no son más que declaraciones de algo que quieres que sea verdad. Las afirmaciones sólo funcionan cuando son declaraciones de algo que ya sabes que es verdad.

La mejor «afirmación» es una declaración de gratitud y reconocimiento. «Gracias, Señor, por darme el éxito en mi vida». Ahora bien, *esa* idea, pensada, dicha y realizada, produce resultados maravillosos cuando proviene de un auténtico conocimiento; no de un intento de *producir* resultados, sino de la conciencia de que los resultados ya se han producido.

Jesús lo tuvo muy claro. Antes de cada milagro, Me daba las gracias por adelantado por su realización. Nunca se le ocurrió no estar agradecido, puesto que nunca le ocurrió que lo que Él declaraba no sucediera. *Su mente nunca albergó* ese pensamiento.

Tan *seguro* estaba de Quién era y se su relación conmigo, que cada pensamiento, palabra u obra suyos reflejaba su conciencia; del mismo modo que tus pensamientos, palabras y obras reflejan la tuya...

Así pues, si hay algo que decidas experimentar en tu vida, no lo «quieras»; decídelo.

¿Decides tener éxito en términos mundanos? ¿Decides tener más dinero? Bien. Entonces, decídelo. Realmente. Plenamente. Con convicción.

Sin embargo, no debes sorprenderte si en una determinada etapa de tu desarrollo el «éxito mundano» deja de preocuparte.

¿Qué se supone que significa eso?

Llega un momento en la evolución de toda alma en que la preocupación principal ya no es la supervivencia o el cuerpo físico, sino el desarrollo del espíritu; ya no el logro del éxito mundano, sino la realización del Yo.

En cierto sentido, se trata de un momento muy peligroso, particularmente al principio, puesto que la entidad que se aloja en el cuerpo ahora sabe que es justamente eso: un ser en un cuerpo; no un ser corpóreo.

En esta etapa, antes de que la entidad en desarrollo madure este punto de vista, a menudo se produce un sentimiento de absoluta despreocupación respecto a los asuntos del cuerpo. ¡Tan entusiasmada está el alma con el ser por fin «descubierto»!

La mente abandona al cuerpo, y todos los asuntos del cuerpo. Todos son ignorados. Se abandonan las relaciones. Las familias desaparecen. Los trabajos pasan a segundo plano. Las facturas se quedan por pagar. El propio cuerpo se deja sin alimentar durante largos períodos. Todo el centro de atención de la entidad se desplaza al alma, y a los asuntos del alma.

Esto puede conducir a una importante crisis personal en la vida cotidiana del ser, aunque la mente no perciba ningún trauma. Vive suspendida en la felicidad. Los demás te dicen que has perdido el juicio; y en un sentido es cierto.

El descubrimiento de la verdad de que la vida no tiene nada que ver con el cuerpo puede crear un desequilibrio hacia el _otro_ extremo. Mientras que antes la entidad actuaba como si el cuerpo fuera todo lo que hay, ahora actúa como si el cuerpo no importara en absoluto. Esto, por supuesto, no es cierto; cosa que la entidad pronto recordará (a veces dolorosamente).

Sois seres constituidos por tres partes: cuerpo, mente y espíritu. _Siempre_ seréis seres constituidos por tres partes, y no únicamente mientras viváis en la Tierra.

Hay quienes plantean la hipótesis de que, al morir, el cuerpo y la mente se abandonan. Pero el cuerpo y la mente _no_ se abandonan. El cuerpo cambia de forma, dejando atrás su parte más densa, pero siempre conservando su envoltura exterior. La mente (que no hay que confundir con el cerebro) también va con uno, uniéndose con el espíritu y el cuerpo en la misma masa de energía, de tres dimensiones o facetas.

Si decides retornar a esta oportunidad de experimentar que se llama vida en la Tierra, tu yo divino separará de nuevo sus verdaderas dimensiones en lo que llamáis cuerpo, mente y espíritu. En realidad, la misma y única energía, pero con tres características distintas.

Cuando empiezas a habitar un nuevo cuerpo físico aquí en la Tierra, tu cuerpo etéreo (como algunos de vosotros lo habéis llamado) reduce sus vibraciones, que pasan de ser tan rápidas que ni siquiera se le puede ver, a una velocidad adecuada para producir la masa y la materia. Esta materia real es la creación del pensamiento puro: la obra de tu mente, el aspecto mental más elevado de tu ser constituido de tres partes.

Esta materia es la coagulación de un millón de billones de trillones de diferentes unidades de energía en una enorme masa, controlable por la mente... ¡Realmente tenéis una mente superior!

Cuando todas esas minúsculas unidades han expandido su energía, son descartadas por el cuerpo, mientras que la mente crea otras nuevas. ¡Esto lo crea la mente a partir de su pensamiento continuo acerca de Quién Eres! El cuerpo etéreo «atrapa» el pensamiento, por así decirlo, y reduce la vibración de más unidades de energía (en cierto sentido, las «cristaliza»), las cuales se convierten en materia; la nueva materia que te constituye. De este modo, cada célula de tu cuerpo cambia cada varios años. En un sentido totalmente literal, _no eres la misma persona_ que eras hace cinco años.

Si piensas pensamientos de malestar o enfermedad (o continuo enfado, odio y negatividad), tu cuerpo traducirá dichos pensamientos a una forma física. La gente verá esta forma negativa y enfermiza, y dirá: «¿Qué pasa?». No sabrá cuán acertada es.

El alma contempla la representación de todo este drama, año tras año, mes tras mes, día tras día, momento a momento, y siempre se halla en posesión de la Verdad sobre ti. _Nunca_ olvida el proyecto; el plan original; la primera idea; el pensamiento creador. Su tarea consiste en hacer que recuerdes, que _rememores_ una vez más Quién Eres, y luego decidas Quién Quieres Ser ahora.

Así, el ciclo de creación y experiencia, imaginación y realización, conocimiento y evolución hacia lo desconocido, continúa, ahora y para siempre jamás.

¡Vaya!

Exactamente. ¡Y aún falta mucho por explicar! ¡Mucho más! Pero no caben en un libro, ni probablemente en una vida. Sin embargo, tú has empezado, y eso es bueno. Recuerda sólo esto. Como dijo vuestro gran maestro William Shakespeare: «Hay más cosas en el Cielo y en la Tierra, Horacio, de las que ha soñado tu filosofía».

¿Puedo hacerte algunas preguntas sobre eso? Por ejemplo: cuando dices que la mente me acompaña después de la muerte, ¿significa eso que mi «personalidad» me acompaña? ¿Sabré en la otra vida quién era?

Sí... y quién has sido siempre. _Todo se te hará manifiesto_, puesto que entonces te aprovechará lo que sabes, mientras que ahora no.

Y, respecto a esta vida, ¿habrá que «pasar cuentas»?, ¿habrá un examen?

No hay ningún juicio en eso que llamáis la otra vida. Ni siquiera podrás juzgarte tú mismo (ya que seguramente de darías una puntuación muy baja, dado lo crítico y severo que eres contigo mismo en _esta_ vida).

No, no hay que «pasar cuentas», ni «pulgares hacia arriba» o «pulga-res hacia abajo». Sólo los humanos juzgáis, y, puesto que vosotros lo ha-céis, suponéis que Yo lo hago. Pero Yo no lo hago; y ésta es una gran verdad que no podéis aceptar.

No obstante, aunque en la otra vida no habrá ningún juicio, sí habrá la oportunidad de considerar todo lo que habéis pensado, dicho o hecho aquí, y de decidir si eso es lo que elegiríais de nuevo basándoos en Quie-nes decís que Sois, y en Quienes Queréis Ser.

Existe una enseñanza mística oriental basada en una doctrina llama-da Kama Loca; según esta doctrina, en el momento de la muerte a cada persona se le da la oportunidad de revivir todos los pensamientos que ha abrigado, todas las palabras que ha pronunciado, todos los actos que ha realizado, no desde nuestro punto de vista, sino desde el punto de vista de cada una de las personas afectadas en cada caso. En otras palabras, ya hemos experimentado lo que nosotros sentimos al pensar, decir o hacer lo que pensamos, dijimos o hicimos; pero ahora se nos concede la expe-riencia de sentir lo que sintió la otra persona en cada uno de esos mo-mentos. Y es en base a esta medida como decidiremos si pensaríamos, diríamos o haríamos lo mismo de nuevo. ¿Qué te parece?

Lo que ocurre en vuestra vida cuando ésta termina es demasiado ex-traordinario para poder describirlo aquí en términos que puedas com-prender, puesto que se trata de una experiencia que se halla en otra di-mensión, y rebasa literalmente cualquier descripción que pretenda utilizar herramientas tan enormemente limitadas como las palabras. Bas-te decir que tendréis la oportunidad de examinar esta vuestra vida pre-sente, sin dolor o temor a juicio alguno, con el propósito de decidir lo que sentís respecto a vuestra experiencia y adónde queréis ir a partir de ahí.

Muchos de vosotros decidirán volver aquí; regresar a este mundo de densidad y relatividad, para disponer de otra posibilidad de experimentar las decisiones y opciones que han tomado respecto a Sí mismos en este nivel.

Otros —algunos escogidos— regresarán con una misión diferente. Volverán a la densidad y la materia con el propósito espiritual de condu-cir a los demás fuera de la densidad y la materia. En la Tierra siempre hay quienes, de entre vosotros, han tomado esta decisión. Se les reconoce en seguida. Su tarea ha terminado; han regresado a la Tierra simple y llana-mente para ayudar a los otros. En esto consiste su alegría. En esto consis-te su exaltación. No aspirar a otra cosa que a ser útiles.

No puedes dejar de verlos. Están en todas partes. Hay más de los que crees. Incluso es probable que sepas de alguno, o que lo conozcas personalmente.

¿Soy yo uno de ellos?

No. Si tienes que preguntarlo, es que sabes que no lo eres. Uno de ellos no hace preguntas de este tipo. No hay nada que preguntar.

Tú, hijo mío, en esta vida eres un mensajero. Un precursor. Un portador de noticias. Un buscador y, con frecuencia, un orador de la Verdad. Debes estar contento, pues esto es más que suficiente para una vida.

Estoy contento, ¡pero siempre puedo esperar más!

¡Y esperarás más! Siempre esperarás más. Forma parte de tu naturaleza. Forma parte de la naturaleza divina aspirar siempre a ser más.

De modo que hazlo: aspira por todos lo medios a ser más.

Ahora quiero responder definitivamente a la pregunta con la que iniciaste esta parte de nuestra conversación.

¡Sigue adelante, y haz lo que realmente te guste! ¡No hagas otra cosa! Tienes muy poco tiempo. ¿Cómo puedes pensar en perder un sólo momento haciendo algo que no te gusta para ganarte la vida? ¿Qué clase de vida sería esa? ¡Más que ganarte la vida, sería ganarte la muerte!

Si dices: «Pero... hay otras personas que dependen de mí... bocas que alimentar... una esposa que cuenta conmigo», te responderé que, si insistes en que tu vida se basa en lo que hace tu cuerpo, es que no has entendido para qué has venido aquí. Por lo menos, haz algo que te agrade, que manifieste Quién Eres.

Con ello podrás alejar de ti el resentimiento y la cólera hacia aquellos que imaginas que te privan de tu alegría.

No es que lo que hace tu cuerpo no sea importante. Pero no del modo en que tú crees. Las acciones del cuerpo constituyen reflejos de un estado del ser; no intentos de alcanzar un estado del ser.

En el verdadero orden de las cosas no se hace algo para ser feliz, sino que se es feliz y, en consecuencia, se hace algo. No se hace algo para ser compasivo, sino que se es compasivo y, en consecuencia, se actúa de determinada manera. En una persona de conciencia elevada, la decisión del alma precede a la acción del cuerpo. Sólo una persona inconsciente trata de producir un estado del alma a través de lo que hace el cuerpo.

Esto es lo que significa la afirmación: «Tu vida no se basa en lo que hace tu cuerpo». Sin embargo, es cierto que lo que hace tu cuerpo es un reflejo de aquello en lo que se basa tu vida.

He aquí otra dicotomía divina.

Pero si no lo entiendes, al menos entiende esto:

Tienes _derecho_ a tu propia alegría. Tengas o no tengas hijos; tengas o no tengas esposa. ¡Búscala! ¡Hállala! Y tendrás una familia alegre, prescindiendo de cuánto dinero ganes o dejes de ganar. Pero si, en lugar de eso, te abandonan, entonces déjales partir con amor en busca de _su propia_ alegría.

Si, por otra parte, has evolucionado hasta el punto de que los asuntos del cuerpo han dejado de preocuparte, serás aún más libre para buscar tu propia alegría, así en la Tierra como en el cielo. Dios dice que _es bueno ser feliz_; incluso ser feliz en tu _trabajo_.

Tu trabajo en la vida es una afirmación de Quién Eres. Y si no lo es, entonces ¿por qué lo haces?

¿Acaso crees que _tienes_ que hacerlo?

No tienes que hacer nada.

Si «el hombre que mantiene a su familia, cueste lo que cueste, aun a costa de su propia felicidad» es Quien Tú Eres, entonces _ama_ tu trabajo, puesto que _facilita_ tu creación de _una afirmación viviente de tu Yo._

Si «la mujer que realiza un trabajo que detesta para hacer frente a las responsabilidades que considera que tiene» es Quien Tú Eres, entonces ama, ama, ama tu trabajo, puesto que sostiene plenamente tu imagen de tu Yo, tu concepto de tu Yo.

Todo el mundo puede amar todo lo que hace desde el momento en que entienda qué está haciendo, y por qué.

Nadie hace nada que no quiera hacer.

13

¿Cómo puedo resolver los problemas de salud que tengo? He sufrido bastantes problemas crónicos en las tres últimas vidas. ¿Por qué los sigo teniendo ahora, en *esta* vida?

En primer lugar, vamos a dejar clara una cosa: tú amas esos problemas; o, en cualquier caso, la mayoría de ellos. Los has utilizado admirablemente para compadecerte de ti mismo y atraer la atención de los demás hacia ti mismo.

En las pocas ocasiones en que no ha sido así, ha sido sólo porque han ido demasiado lejos. Más lejos de lo que tú pensabas que irían cuando los creaste.

Debes entender algo que probablemente ya sabes: toda enfermedad es creación de uno mismo. Incluso los médicos más convencionales están empezando a ver que la gente <u>crea sus propias enfermedades.</u>

La mayoría de las personas lo hacen de un modo totalmente inconsciente (ni siquiera saben que lo hacen). Así, cuando caen enfermos, no saben qué les pasa. Parece como si algo les <u>aconteciera,</u> en lugar de haberse hecho ellos algo a sí mismos.

Esto ocurre porque la mayoría de las personas van por la vida inconscientemente, y no sólo en lo que se refiere a la salud y sus consecuencias.

Fuman, y luego se sorprenden porque tienen cáncer.

Ingieren animales y grasa, y luego se sorprenden porque tienen las arterias obstruidas.

Se pasan la vida enfadándose, y luego se sorprenden porque tienen infartos.

Compiten con los demás —despiadadamente, y bajo un estrés increíble—, y luego se sorprenden porque tienen apoplejías.

La verdad que se oculta tras todo esto es que a la mayoría de las personas les preocupa su muerte.

, *La preocupación es precisamente la peor forma de actividad mental que hay después del odio, y resulta profundamente autodestructiva. La preocupación no tiene sentido. Es malgastar la energía mental. Además, crea reacciones bioquímicas que dañan al cuerpo, produciendo un sinfín de problemas que van desde una simple indigestión hasta una parada cardíaca.*

La salud mejorará casi en el mismo momento en que cese la preocupación.

La preocupación es la actividad de una mente que no entiende su vinculación conmigo.

El odio es la enfermedad que resulta más gravemente perjudicial para la mente. Envenena el cuerpo, y sus efectos son prácticamente irreversibles.

El temor es lo más opuesto a todo lo que sois, y, en consecuencia, ejerce un efecto de oposición en vuestra salud física y mental. El temor es la preocupación llevada al extremo.

La preocupación, el odio y el temor —junto con sus vástagos: la ansiedad, la amargura, la impaciencia, la avaricia, la crueldad, la severidad y la condena—, todo ello ataca al nivel celular del cuerpo. En estas condiciones, resulta imposible tener un cuerpo sano.

Del mismo modo —aunque en un grado algo inferior—, la presunción, la falta de moderación y la gula producen malestar físico, o falta de bienestar.

Toda enfermedad ha sido creada antes en la mente.

¿Cómo puede ser? ¿Y qué hay de las enfermedades contraídas por contagio, como los resfriados o el SIDA?

Nada ocurre en vuestra vida —nada— sin que primero haya sido un pensamiento. Los pensamientos son como imanes, que atraen sus efectos sobre uno. Puede que el pensamiento no siempre sea evidente —y, en consecuencia, claramente causal—, tal como: «Voy a contraer una terrible enfermedad». Es posible que sea (y normalmente es) mucho más sutil que eso: «No merezco vivir»; «Mi vida es un lío»; «Soy un perdedor»; «Dios va a castigarme»; «Estoy hasta la coronilla de mi vida».

Estos pensamientos constituyen una forma de energía muy sutil, pero sumamente poderosa. Las palabras son menos sutiles, más densas. Las ac-

ciones constituyen la forma más densa de las tres. La acción es energía en una forma física fuerte, con un movimiento potente. Cuando piensas, hablas y actúas según un concepto negativo tal como «Yo soy un perdedor», pones una enorme cantidad de energía en movimiento. No es de extrañar que cojas un resfriado; y aun eso sería lo de menos.

Resulta muy difícil invertir los efectos del pensamiento negativo una vez éstos han adquirido forma física. No es imposible, pero sí muy difícil. Se requiere un acto de fe excepcional. Se requiere una extraordinaria confianza en la fuerza positiva del universo, llámese Dios, Diosa, Motor Inmóvil, Fuerza Primera, Causa Primera, o lo que sea.

Los sanadores poseen precisamente esta fe. Es una fe que penetra en el Conocimiento Absoluto. _Saben_ que estás preparado para ser completo y perfecto _en este mismo momento_. Ese conocimiento es también un pensamiento, y muy poderoso. Tiene el poder de mover montañas, por no hablar de las moléculas de tu cuerpo. Así es como los sanadores pueden curar, incluso a distancia.

El pensamiento no conoces distancias. Viaja alrededor del mundo y atraviesa el universo en menos tiempo del que tardas en pronunciar la palabra.

«Mándalo de palabra, y quede sano mi criado.» Y así fue, en ese mismísimo momento, incluso antes de que acabara la frase. Tal era la fe del centurión.

Pero todos _vosotros_ sois leprosos mentales. Vuestra mente está corroída por pensamientos negativos. Algunos de ellos os los han metido. Muchos de ellos realmente los inventáis —los conjuráis— vosotros mismos, y luego les dais abrigo y cobijo durante horas, días, semanas, meses, e incluso años.

... y os sorprendéis porque caéis enfermos.

Puedes «resolver algunos de tus problemas de salud», como dices, si resuelves los problemas de tu pensamiento. Efectivamente, puedes curar algunas de las enfermedades que ya has contraído (que te has dado a ti mismo), además de prevenir nuevos e importantes problemas en fase de desarrollo. Y todo esto puedes hacerlo cambiando tu pensamiento.

Y también —y odio decir esto, pues parece demasiado mundano para venir de Dios—, ¡por el amor de Dios!, _cuida más de ti mismo_.

Cuidas pésimamente de tu cuerpo, prestándole muy poca atención hasta que no sospechas que algo anda mal. No haces prácticamente nada en el sentido de un mantenimiento preventivo. Cuidas más a tu _coche_ que a tu cuerpo, y no exagero.

No sólo no previenes posibles problemas realizando chequeos médicos anuales, y utilizando las terapias y medicinas de que dispones (¿por qué vas al médico, le pides ayuda, y luego no tomas las medicinas que te receta?, ¿puedes responderme a eso?); también maltratas a tu cuerpo terriblemente entre estas visitas respecto a las que no haces nada.

No lo ejercitas, de modo que se vuelve <u>flojo</u> y, lo que es peor, débil por falta de uso.

No lo alimentas adecuadamente, con lo cual aún se debilita más.

Luego lo llenas de toxinas y venenos, y de las más absurdas sustancias que hacéis pasar por comida. Y aun así, ese maravilloso motor funciona; aun así, sigue adelante, haciendo frente a este ataque.

¡Es horrible! Las condiciones bajo las cuales le pides a vuestro cuerpo que sobreviva son horribles. Pero poco o nada harás al respecto. Leerás esto, moverás la cabeza afirmativamente, mostrando arrepentimiento, y continuarás con el maltrato. ¿Y sabes por qué?

Tengo miedo de preguntártelo.

Porque no tienes <u>ninguna voluntad de vivir.</u>

Me parece una acusación muy dura.

No pretende ser dura, ni tampoco pretende ser una acusación. «Dura» es un término relativo, un juicio que has aplicado a unas palabras. «Acusación» connota culpa, y «culpa» connota delito. Aquí no hay ningún delito; por lo tanto, no hay ninguna culpa ni ninguna acusación.

He hecho una simple afirmación de una verdad. Al igual que todas las afirmaciones de verdad, posee la cualidad de despertarte. Pero a algunas personas no les gusta que les despierten. A la mayoría. Prefieren seguir dormidas.

El mundo se halla en el estado en que se halla porque está lleno de sonámbulos.

Respecto a mi afirmación, ¿qué es lo que te parece falso? No <u>tienes</u> ninguna voluntad de vivir. Al menos, no la has tenido hasta ahora.

Si me dices que has experimentado una «conversión instantánea», revisaré mi predicción de lo que vas a hacer. Reconozco que tal predicción se basa en una experiencia pasada.

... al mismo tiempo, pretendía despertarte. A veces, cuando una persona está profundamente dormida, hay que sacudirla un poco.

He visto que en tu pasado has tenido muy poca voluntad de vivir. Ahora puedes negarlo, pero en este caso tus actos hablan más fuerte que tus palabras.

Si has encendido un solo cigarrillo en tu vida —mucho más si has fumado un paquete diario durante veinte años, como tú has hecho—, es que tienes muy poca voluntad de vivir. No te importa lo que le haces a tu cuerpo.

¡Pero dejé de fumar hace ya unos diez años!

Después de veinte de duro castigo físico...
Y si una sola vez has introducido alcohol en tu cuerpo, es que tienes muy poca voluntad de vivir.

Bebo con mucha moderación.

El cuerpo no está hecho para ingerir alcohol; perjudica a la mente.

¡Pero Jesús tomó alcohol! ¡Fue a la boda y convirtió el agua en vino!

¿Quién ha dicho que Jesús fuera perfecto?

¡Por el amor de Dios!

Dime, ¿estoy empezando a fastidiarte?

¡Nada más lejos de mí que *Dios esté empezando a fastidiarme*! Eso sería un poco presuntuoso, ¿no? Pero pienso que no debemos pasarnos de la raya con todo esto. Mi padre me enseñó la norma de que «todo con moderación». Creo que la he seguido por lo que al alcohol se refiere.

El cuerpo puede recuperarse más fácilmente de un abuso moderado. Por lo tanto, el dicho resulta útil. Sin embargo, mantengo mi afirmación: el cuerpo no está hecho para ingerir alcohol.

Sin embargo, ¡incluso algunas medicinas contienen alcohol!

Yo no tengo ningún control sobre lo que vosotros llamáis medicinas. Mantengo mi afirmación.

Eres inflexible, ¿sabes?

Mira, la verdad es la verdad. Ahora bien, si alguien dice: «Un poco de alcohol no va a hacerte daño», y sitúa esta afirmación en el contexto de una vida tal como la vivís en este momento, tendría que estar de acuerdo con él. Pero eso no cambia la verdad de lo que he dicho. Simplemente te permite ignorarla.

Sin embargo, considera esto. Vosotros los humanos agotáis vuestros cuerpos, normalmente, entre los cincuenta y los ochenta años. Algunos duran más, pero no mucho. Otros dejan de funcionar antes, pero tampoco son mayoría. ¿Estamos de acuerdo en esto?

Sí, de acuerdo.

Bueno, pues tenemos un buen punto de partida. Ahora bien, cuando he dicho que podía estar de acuerdo con la afirmación: «Un poco de alcohol no va a hacerte daño», he matizado añadiendo: «en el contexto de una vida tal como la vivís en este momento». Fíjate: la gente parece satisfecha con la vida tal como la vive. Pero la vida —y puede que te sorprenda saberlo— se hizo para ser vivida de un modo totalmente distinto. Y vuestro cuerpo se concibió para durar mucho más tiempo.

¿Sí?

Sí.

¿Cuánto tiempo más?

Infinitamente más.

¿Qué significa eso?

Significa, hijo Mío, que vuestro cuerpo se concibió para durar siempre.

¿Siempre?

Sí. Léelo bien: «para siempre jamás».

¿Quieres decir que se supone que no íbamos (o que no vamos) a morir nunca?

No morís nunca. La vida es eterna. Sois inmortales. Nunca morís. Simplemente cambiáis de forma. Nunca habéis tenido por qué hacerlo. Vosotros decidisteis hacerlo, no Yo. Yo hice vuestros cuerpos para durar siempre. ¿Realmente crees que lo mejor que podía hacer Dios, lo mejor que Yo podía proponer, era un cuerpo que durara sesenta, setenta o quizás ochenta años, antes de caer en pedazos? ¿Piensas acaso que ese es el límite de mi capacidad?

Nunca pensé en plantearlo de ese modo...

¡Yo concebí vuestro magnífico cuerpo para durar siempre! *Y los primeros de entre vosotros* vivieron *en el cuerpo prácticamente sin experimentar dolor, y sin temer a lo que ahora llamáis muerte.*

En vuestra mitología religiosa, simbolizáis vuestra memoria celular de aquella primera versión de seres humanos llamándoles Adán y Eva. En realidad, obviamente, fueron más de dos.

Al principio, la idea era que vuestras maravillosas almas tuvieran la oportunidad de conocerse a Sí mismas como Quienes Realmente Son a través de las experiencias ganadas en el cuerpo físico, en el mundo relativo, como ya he explicado repetidamente aquí.

Esto se hizo reduciendo la indescriptible velocidad de toda vibración (en forma de pensamiento) para producir materia, incluida esa materia que llamáis el cuerpo físico.

La vida evolucionó a través de una serie de etapas, en un abrir y cerrar de ojos que para vosotros equivale a millones de años. Y en ese instante sagrado vinisteis vosotros, surgidos del mar, el agua de la vida, a la tierra y en la forma que ahora tenéis.

¡Entonces, lo que dicen los evolucionistas es correcto!

Encuentro divertido —en realidad, una fuente de continua diversión— que vosotros los humanos tengáis esa necesidad de descomponerlo todo en correcto y equivocado. Nunca se os ocurre que habéis inventado esas etiquetas *para ayudaros a definir lo material, y a vuestro Yo.*

Nunca se os ocurre (excepto a aquellos de entre vosotros dotados de las mentes más agudas) que algo puede ser a la vez correcto y equivocado; que sólo en el mundo relativo las cosas son o lo uno o lo otro. En el mundo de lo absoluto, del tiempo sin tiempo, todas las cosas lo son todo.

No hay ni macho ni hembra, no hay ni antes ni después, no hay ni rá-

pido ni lento, ni aquí ni allí, ni arriba ni abajo, ni izquierda ni derecha; ni correcto ni equivocado.

Vuestros astronautas y cosmonautas salieron ganando en este sentido. Se vieron a sí mismos propulsados _hacia arriba_ para salir al espacio exterior, sólo para encontrarse con que, una vez allí, tenían que mirar _hacia arriba_ para ver la Tierra. ¿O no? Tal vez estuvieran mirando _hacia abajo._ Pero entonces, ¿dónde estaba el Sol? ¿Arriba? ¿Abajo? ¡No! Allí, a la _izquierda._ Así, de repente, una cosa ya no estaba ni arriba ni abajo; estaba a un lado... y, por lo tanto, todas las definiciones _desaparecían._

Así es en Mi mundo, _nuestro_ mundo, nuestro verdadero reino. Todas las definiciones desaparecen, haciendo difícil incluso hablar de dicho reino en términos definitorios.

La religión constituye vuestro intento de hablar de lo inefable. No realiza una función demasiado buena.

No, hijo Mío, lo que dicen los evolucionistas _no_ es correcto. Yo lo creé todo, _todo,_ en un abrir y cerrar de ojos; en un instante sagrado, tal como afirmaron los creacionistas. _Y_... tuvo lugar un proceso de evolución que duró millones y millones de lo que _vosotros_ llamáis años, tal como afirman los evolucionistas.

Lo que dicen ambos es «correcto». Tal como descubrieron los cosmonautas, _todo depende de cómo lo mires._

Pero la verdadera pregunta es: un instante sagrado o millones de años, ¿qué diferencia hay? ¿Puedes aceptar simplemente que en algunas de las cuestiones de la vida el misterio es demasiado grande para que podáis resolverlo? ¿Por qué no mantener el misterio como algo sagrado? ¿Y por qué no permitir que lo sagrado sea sagrado, y dejarlo así?

Supongo que tenemos una insaciable necesidad de saber.

¡Pero es que ya sabéis! ¡Ya te lo he _dicho_! Lo que ocurre es que no queréis saber la Verdad, sino que queréis saber la verdad _tal como vosotros la entendéis._ Este es el mayor obstáculo para vuestra iluminación. ¡Creéis que ya sabéis la verdad! Creéis que ya _entendéis_ cómo es. Así, estáis de acuerdo con todo aquello que veis, oís o leéis que coincida con el paradigma de vuestros conocimientos, y rechazáis todo aquello que no coincida. Y a esto lo llamáis aprender. A esto lo llamáis estar dispuestos a aprender. _Desgraciadamente, no podéis en absoluto estar dispuestos a aprender mientras rechacéis todo lo que no sea vuestra propia verdad._

Así, algunos tildarán este mismo libro de blasfemo, de obra del diablo.

Pero quien tenga oídos para oír, que oiga. Te lo aseguro: <u>No fuisteis hechos para morir nunca</u>. Vuestra forma física fue creada como una magnífica posibilidad, una maravillosa herramienta, un glorioso medio que os permite experimentar la realidad que habéis creado con vuestra mente, conocer el Yo que habéis creado en vuestra alma.

El alma concibe, la mente crea, el cuerpo experimenta. Así, el círculo queda completo. El alma, pues, se conoce a sí misma en su propia experiencia. Si no le gusta lo que experimenta (siente), o desea una experiencia diferente por alguna razón, simplemente concibe una <u>nueva</u> experiencia del Yo, y —literalmente— <u>cambia su mente</u>.

Pronto el cuerpo se halla inmerso en una nueva experiencia. («Yo soy la resurrección y la Vida» fue un magnífico ejemplo de ello. ¿Cómo crees que Jesús <u>lo hizo</u>? ¿O acaso crees que ni siquiera ocurrió? ¡<u>Créelo</u>, pues ocurrió!)

El caso es que el alma nunca prescindirá del cuerpo o de la mente. Yo os creé como tres seres en uno, hechos a imagen y semejanza mía.

Los tres aspectos del Yo son totalmente equiparables entre sí. Cada uno tiene su función, pero ninguna función es mayor que las otras; ni, en realidad, hay ninguna función que <u>preceda</u> a las demás. Todas se hallan interrelacionadas de manera exactamente igual.

Concebir, crear, experimentar. Lo que concebís, lo creáis; lo que creáis, lo experimentáis; lo que experimentáis, lo concebís.

He aquí por qué se dice que, si puedes hacer que tu cuerpo experimente algo (la abundancia, por ejemplo), pronto albergarás ese sentimiento en tu alma, la cual a su vez lo concebirá de una nueva manera (a saber, abundante), ofreciendo a tu mente un nuevo pensamiento al respecto. De este nuevo pensamiento surge más experiencia, y el cuerpo empieza a vivir una nueva realidad como un estado permanente del ser.

Tu cuerpo, tu mente y tu alma (espíritu) son uno. En este sentido eres, en microcosmos, como Yo, el Todo Divino, el Todo Sagrado, la Suma y la Sustancia. Así, soy el principio y el fin de todo, la Alfa y la Omega.

Ahora te explicaré el misterio último: vuestra exacta y verdadera relación conmigo.

VOSOTROS SOIS MI CUERPO.

<u>Lo que vuestro</u> cuerpo <u>es respecto a vuestra</u> mente <u>y a vuestra</u> alma, <u>lo sois vosotros respecto a Mi</u> mente <u>y Mi</u> alma. Por lo tanto:

<u>Todo lo que Yo experimento, lo experimento a través vuestro.</u>

Así como vuestro cuerpo, vuestra mente y vuestra alma son uno, así también lo son Mi cuerpo, Mi mente y Mi alma.

Así Jesús de Nazaret —entre otros muchos que entendieron este misterio—, afirmó una verdad inmutable cuando dijo: «El Padre y Yo somos Uno».

Pero te diré que hay verdades mucho mayores que esta, de las que algún día te enterarás; pues, del mismo modo que vosotros sois Mi cuerpo, Yo soy el cuerpo de otro.

¿Quieres decir que *no* eres Dios?

Sí, soy Dios, según vuestro concepto de Él; y soy Diosa, según vuestro concepto de Ella. Soy el Hacedor y el Creador de todo lo que conocéis y experimentáis, y vosotros sois Mis hijos... igual que Yo soy hijo de otro.

¿Estás intentando decirme que incluso Dios tiene un Dios?

Te estoy diciendo que vuestra percepción de la realidad última es más limitada de lo que creéis, y que la Verdad es más i-limitada de lo que podéis imaginar.

Te estoy dejando entrever algo de la infinidad, y del amor infinito. (Si te dejara ver mucho más, no podrías encajarlo en tu realidad; de hecho, apenas puedes encajar esto.)

¡Espera un momento! ¿Quieres decir que en realidad no estoy hablando con Dios en este momento?

Ya te he dicho que, si concibes a Dios como tu señor y creador, del mismo modo que tú eres señor y creador de tu propio cuerpo, Yo soy el Dios de esa interpretación. Y, ciertamente, estás hablando conmigo. Ha sido una conversación deliciosa, ¿no?

Deliciosa o no, creía que estaba hablando con el auténtico Dios. El Dios de Dioses. Ya sabes: el gran jefe.

Y estás hablando con él. Puedes creerme.

Sin embargo, dices que hay alguien por encima de Ti en el orden jerárquico de las cosas.

*Estamos intentando hacer algo imposible: hablar de lo inefable.
Como ya he dicho, eso es lo que trata de hacer la religión. Déjame ver si
puedo encontrar una manera de resumirlo.*

*Para siempre es más tiempo del que conocéis. Eterno es más tiempo que
para siempre. Dios es más de lo que imagináis. Dios es la energía que llamáis imaginación. Dios es creación. Dios es el primer pensamiento. Y Dios
es la última experiencia. Y Dios es todo lo que hay entre lo uno y lo otro.*

*¿Has mirado alguna vez a través de un microscopio de gran potencia,
o visto dibujos o películas animadas sobre moléculas, y has dicho: «¡Cielo santo, hay <u>todo un universo</u> ahí abajo! ¡Y para ese universo, Yo, el observador, debo parecer Dios!»? ¿Has dicho eso alguna vez, o tenido una
experiencia de ese tipo?*

Sí, y diría que cualquier persona que piense.

*En efecto. Pues en ese caso tú mismo has vislumbrado lo que te estoy
exponiendo aquí.*

*¿Y qué harías si te dijera que esa realidad que has vislumbrado <u>no tie-
ne fin</u>?*

Querría que me lo explicaras.

*Coge la parte del universo más pequeña que puedas imaginar. Imagi-
na esa partícula de materia extraordinariamente minúscula.*

De acuerdo.

Ahora pártela por la mitad.

Vale.

¿Qué tienes?

Dos mitades más pequeñas.

Exactamente. Ahora pártelas por la mitad. ¿Qué tienes ahora?

Mitades más pequeñas.

Correcto. Hazlo de nuevo, una vez, y otra, y otra... ¿Qué te queda?

Partículas más y más pequeñas.

Sí, pero ¿cuándo tendrás que <u>parar</u>? ¿Cuántas veces puedes dividir la materia hasta que ésta deje de existir?

No lo sé. Supongo que nunca deja de existir.

¿Quieres decir que nunca podrás <u>destruirla por completo</u>? ¿Qué todo lo que puedes hacer es cambiar su forma?

Eso parece.

Pues déjame que te diga que acabas de aprender el secreto de todo lo que vive y de penetrar en la infinidad.
Ahora tengo que hacerte una pregunta.

De acuerdo...

¿Hay algo que te haga pensar que la infinidad se da únicamente en una dirección?

De modo que... igual que no hay límite por abajo, no lo hay por arriba...

No hay arriba ni abajo, pero entiendo lo que quieres decir.

Si no hay límite para lo pequeño, es que tampoco lo hay para lo grande...

Correcto.

Si no hay límite para lo grande, es que no hay nada que sea lo más grande. Eso significa, en último término, que ¡no hay ningún Dios!

O, tal vez, que <u>todo es Dios</u>, y no hay <u>nada que no lo sea</u>.

Te lo aseguro: YO SOY EL QUE SOY.

Y TÚ ERES EL QUE ERES. *No puedes* _no ser_. *Puedes cambiar de forma todo lo que quieras, pero no puedes dejar de ser. Pero* _puedes_ *dejar de saber Quién Eres; y, de ese modo, experimentarlo* _sólo a medias_.

Eso sería el infierno.

Exactamente. Pero no estáis condenados a él. No estáis relegados a él para siempre. Todo lo que hace falta para salir del infierno —para salir del «no saber»— es saber de nuevo.

Hay muchas maneras y muchos lugares (dimensiones) donde poder hacerlo.

En este momento, vosotros estáis en una de esas dimensiones. Según vuestra interpretación, es la llamada tercera dimensión.

¿Hay muchas más?

¿No te he dicho ya que en Mi Reino hay muchos palacios? Si no fuera así, no te lo habría dicho.

Entonces, no hay infierno; al menos no realmente. Quiero decir: ¡no hay ningún lugar o dimensión al que seamos condenados eternamente!

¿Qué objetivo tendría?

Sin embargo, tu límite es tu propia conciencia, puesto que tú —nosotros— eres un ser auto-creado.

No puedes ser aquello que no sabes que es tu Yo.

He ahí por qué se te ha dado esta vida: para que puedas conocerte a ti mismo en tu propia experiencia. Luego podrás concebirte a ti mismo como Quien Realmente Eres, y crearte a ti mismo de ese modo en tu experiencia, con lo que el círculo se completa de nuevo... aunque cada vez es mayor.

Así, estás en proceso de crecimiento; o, tal como ya he indicado a lo largo de este libro, de _llegar a ser_.

No hay _ningún límite_ *para lo que puedes llegar a ser.*

¿Quieres decir que incluso puedo llegar a ser —¿me atreveré a decirlo?— un Dios... como Tú?

¿Tú qué crees?

No lo sé.

Mientras no lo sepas, no puedes. Recuerda el triángulo, la Santísima Trinidad: espíritu-mente-cuerpo. Concebir-crear-experimentar. Recuerda, utilizando vuestra simbología:

$$\text{ESPÍRITU SANTO} = \text{INSPIRACIÓN} = \text{CONCEBIR}$$
$$\text{PADRE} = \text{ORIGEN} = \text{CREAR}$$
$$\text{HIJO} = \text{DESCENDENCIA} = \text{EXPERIMENTAR}$$

El Hijo experimenta la creación del pensamiento del Padre, el cual es concebido por el Espíritu Santo.
¿Puedes concebirte a ti mismo como siendo un Dios algún día?

En mis momentos de mayor locura.

Bien, pues te aseguro que ya eres un Dios. <u>Lo que ocurre sencillamente es que no lo sabes.</u>
¿No he Dicho Yo: «Vosotros sois Dioses»?

14

Bueno, pues ya está. Ya te lo he explicado todo: la vida; cómo funciona; su verdadera razón y su auténtico objetivo. ¿Puedo servirte en algo más?

No hay nada más que pueda preguntar. Te estoy profundamente agradecido por este increíble diálogo. ¡Ha sido tan extenso y ha abarcado tantas cosas...! Si repaso mis preguntas originales, veo que hemos tratado las cinco primeras, las referentes a la vida y las relaciones, el dinero y las profesiones, y la salud. Como sabes, tenía más preguntas en aquella lista original, pero, en cierto modo, después de todo lo que hemos tratado parecen irrelevantes.

Sí. Pero, no obstante, me las has preguntado. Vamos a responder brevemente al resto de las preguntas, una por una. Ahora que estamos terminando el material...

¿Qué material?

El material que te he traído y te he expuesto aquí. Decía que, ahora que estamos terminando el material, tomemos esas cuestiones pendientes y tratémoslas con brevedad.

6.* ¿Cuál es la lección kármica que se supone que debo asimilar aquí? ¿Qué intento aprender? ¿En qué he de alcanzar la maestría?

---

* Ver página 77.

Aquí no aprendes nada. No tienes que asimilar nada. Sólo tienes que remembrar. Es decir, re-membrar-Me.

¿En qué has de alcanzar la maestría? Has de llegar a alcanzar la maestría en el propio arte de ser un maestro.

7. ¿Hay algo parecido a la reencarnación? ¿Cuántas vidas anteriores he tenido? ¿Qué fui en ellas? ¿Es real la «deuda kármica»?

Es difícil creer que todavía os hagáis esta pregunta. Me resulta difícil de imaginar. ¡Ha habido tantos informes, de fuentes extremadamente fidedignas, acerca de experiencias de vidas pasadas...! Algunas de estas personas han aportado descripciones sorprendentemente detalladas de los acontecimientos, y el hecho de que sus datos hayan sido totalmente comprobables ha eliminado cualquier posibilidad de que fueran inventados o de que, de algún modo, engañaran a los investigadores y a sus seres queridos.

Puesto que insistes en la exactitud, te diré que has vivido 647 vidas pasadas. Esta es la que hace 648. En ellas, has sido de todo: rey, reina, siervo; profesor, estudiante, maestro; macho, hembra; guerrero, pacifista; héroe, cobarde; asesino, salvador; sabio, loco. ¡Has sido todo eso!

No, no existe la «deuda kármica» ni nada que se le parezca; no en el sentido que tú le das en esta pregunta. Una deuda es algo que se debe pagar, que se está obligado a pagar. Vosotros no estáis obligados a hacer nada.

No obstante, hay ciertas cosas que queréis hacer, que decidís experimentar. Y algunas de esas decisiones dependen de —su deseo ha sido creado por— lo que habéis experimentado anteriormente.

Esto es lo que más se puede aproximar a eso que llamáis karma.

Si el karma es el deseo innato de ser cada vez mejor, de ser cada vez mayor, de evolucionar y de crecer, y de contemplar los acontecimientos y experiencias pasados desde esta perspectiva; entonces, sí, el karma existe.

Pero no exige nada. Nada en absoluto. Eres, como has sido siempre, un ser con libre albedrío.

8. A veces tengo la sensación de ser un médium. ¿Existe algo parecido a «ser un médium»? ¿Lo soy yo? La gente que afirma que lo es ¿«pacta con el diablo»?

Sí, existe algo parecido a ser un médium. Tú lo eres. Todo el mundo lo es. No hay nadie que no posea eso que llamáis facultades extrasensoriales; lo que ocurre simplemente es que hay personas que no las utilizan.

Utilizar vuestras facultades extrasensoriales no es más que utilizar vuestro sexto sentido.

Evidentemente, eso no es «pactar con el diablo», pues entonces Yo no os habría dado ese sentido. Y, por supuesto, no existe ningún diablo con el que pactar.

Algún día —quizás en el Libro Dos— te explicaré exactamente cómo funcionan la energía psíquica y las facultades extrasensoriales.

¿Va a haber un Libro Dos?

Sí. Pero primero terminemos con éste.

9. ¿Es correcto ganar dinero haciendo el bien? Si yo decido realizar una obra de reconciliación en el mundo —la obra de Dios—, ¿puedo hacerlo y, a la vez, disfrutar de abundancia económica? ¿O bien ambas cosas son mutuamente excluyentes?

Ya hemos tratado de eso.

10. ¿Es bueno el sexo? ¡Vamos, que cuál es el meollo de esta experiencia humana! ¿El objetivo del sexo es puramente la procreación, como afirman algunas religiones? ¿Es cierto que la santidad y la iluminación se obtienen mediante la negación —o transmutación— de la energía sexual? ¿Es correcto practicar el sexo sin amor? La sensación física ¿es suficiente razón para justificarlo?

¡Claro que el sexo es «bueno»! Una vez más: si Yo no quisiera que jugarais a determinados juegos, no os habría dado los juguetes. ¿Acaso les das tú a tus hijos cosas con las que no quieres que jueguen?

Juega con el sexo. ¡Juega! Es una maravillosa diversión. ¡Vaya! Si hablamos estrictamente de experiencias físicas, es precisamente la mayor diversión que podéis tener con vuestro cuerpo.

Pero, ¡por el amor de Dios!, no destruyas la inocencia sexual ni el placer y la pureza de la diversión, la alegría, haciendo un mal uso del sexo. No lo utilices como instrumento de poder, o con un propósito oculto; para la gratificación del propio ego, o para ejercer la dominación; para cualquier propósito distinto de la más pura alegría y el más elevado éxtasis, dado y compartido, que es el amor, y el amor _recreado_, que es nueva vida. ¿Acaso no he elegido una deliciosa manera _de que os multipliquéis?_

Respecto a la negación, ya hemos tratado antes de ella. Nunca se ha alcanzado nada sagrado a través de la negación. Sin embargo, los _deseos_ cambian a medida que se vislumbran realidades cada vez mayores. Por lo tanto, no resulta inusual que determinadas personas simplemente _deseen_ menos, o ninguna, actividad sexual; o, por lo mismo, reduzcan _algunas_ de las actividades del cuerpo. Para algunos, las actividades del alma pasan a un primer plano y se consideran, con mucho, las más placenteras.

La moraleja sería: cada uno a lo suyo, y sin juzgar a los demás.

La respuesta a la última parte de tu pregunta sería: no necesitas tener una razón para nada. Simplemente, _sé la causa._

Sé la causa de tu experiencia.

Recuerda que la experiencia produce el concepto de·Yo, el concepto produce creación, y la creación produce experiencia.

¿Quieres experimentarte a ti mismo como una persona que practica el sexo sin amor? ¡Adelante! Lo harás en tanto no quieras otra cosa. Y lo único que hará —que puede hacer— que abandones esta conducta, o _cual-quiera_, es que en ti surja un nuevo pensamiento acerca de Quien Eres. Es así de sencillo; y así de complejo.

11. ¿Por qué hiciste del sexo una experiencia humana tan buena, tan impresionante y tan poderosa, si todo lo que debemos hacer es apartarnos de él todo lo posible? ¿Qué pasa? En este sentido, ¿por qué todas las cosas divertidas «engordan, están prohibidas o son pecado»?

Con lo que acabo de decir, he contestado también a la última parte de esta pregunta. Todas las cosas divertidas _no_ engordan, están prohibidas o son pecado. No obstante, vuestra vida constituye un interesante ejercicio a la hora de definir qué es o no divertido.

Para algunos, «divertido» se refiere a sensaciones del cuerpo. Para otros, «divertido» puede ser algo completamente distinto. Todo depende de quién pienses que eres y de qué estés haciendo.

Hay mucho más que decir acerca del sexo de lo que hemos dicho aquí; pero nada más importante que esto: el sexo es _alegría_, y muchos de vosotros habéis hecho del sexo algo totalmente diferente.

Sí, el sexo también es santo. Pero la alegría y la santidad _son_ compatibles (en realidad, son la misma cosa), y muchos de vosotros pensáis que no lo son.

Vuestras actitudes ante el sexo constituyen un microcosmos de vuestras actitudes ante la vida. La vida debería ser alegría, celebración, y se ha convertido en una experiencia de «no tener nunca bastante», de temor, ansiedad, envidia, rabia y tragedia. Y lo mismo puede decirse respecto al sexo.

Habéis reprimido el sexo, igual que habéis reprimido la vida, en lugar de verlo como la plena expresión del Yo, como entrega y alegría.

Habéis deshonrado el sexo, como habéis deshonrado la vida, calificándolo de malo y de cruel, en lugar de verlo como el más alto don y el mayor placer.

Antes de que protestes y me digas que no habéis deshonrado la vida, fíjate en vuestras actitudes colectivas respecto a ella. Cuatro de cada cinco personas en todo el mundo consideran la vida como una desgracia, una tribulación, un período de prueba, una deuda kármica que se debe pagar, una escuela donde hay que aprender duras lecciones, y, en general, una experiencia que se debe soportar mientras se espera la verdadera alegría, la que viene después de la muerte.

Es deshonrar la vida el que tantos de vosotros penséis de ese modo. Resulta, pues, poco sorprendente que hagáis extensiva esta deshonra al propio acto que crea la vida.

La energía que subyace al sexo es la misma energía que subyace a la vida, ¡que es la vida! El sentimiento de atracción y el deseo —intenso y, a menudo, urgente— de acercarse unos a otros, de hacerse uno, constituye la dinámica esencial de todo lo que vive. Lo he incorporado a todo. Es innato, inherente, interno a Todo lo que Es.

Los códigos morales, las constricciones religiosas, los tabúes sociales y las convenciones emocionales que habéis establecido en torno al sexo (y, por cierto, también en torno al amor y todo lo relativo a la vida) han hecho que para vosotros resulta prácticamente imposible celebrar vuestro ser.

Desde el principio de los tiempos, todo hombre ha deseado siempre amar y ser amado. Y desde el principio de los tiempos, el hombre ha hecho todo lo que estaba en su mano para que eso resultara imposible. El sexo constituye una extraordinaria expresión de amor; de amor a otro, de amor a Sí mismo, de amor a la vida. ¡Deberíais, pues, amarlo! (Y lo hacéis; pero no podéis decirle a nadie que lo hacéis; no os atrevéis a demostrar cuánto lo amáis, pues os llamarían pervertidos. Sin embargo, es esta idea la que constituye una perversión.)

En nuestro próximo libro, consideraremos el sexo con mucho mayor detalle; exploraremos con más detenimiento su dinámica, puesto que se trata de una experiencia y de una cuestión con implicaciones dramáticas a escala global.

Por ahora —y en tu caso—, simplemente debes saber esto: <u>Yo no os he dado nada que sea deshonroso; y menos vuestro propio cuerpo y sus funciones. No hay ninguna necesidad de ocultar vuestro cuerpo ni sus funciones; ni vuestro amor a ellas, y a los demás.</u>

Vuestros programas de televisión no tienen ningún problema en mostrar la violencia desnuda, pero en cambio no se atreven a mostrar el amor desnudo. Toda vuestra sociedad refleja esta escala de valores.

12. ¿Hay seres vivos en otros planetas? ¿Nos han visitado? ¿Nos están observando? ¿Veremos alguna evidencia —irrefutable e indiscutible— de vida extraterrestre durante nuestra vida? ¿Cada forma de vida tiene su propio Dios? ¿Y Tú eres el Dios de todas ellas?

Sí a la primera parte. Sí a la segunda. Sí a la tercera. No puedo contestar a la cuarta, puesto que ello requeriría que Yo predijera el futuro; y eso es algo que no voy a hacer.

No obstante, hablaremos mucho más acerca de eso llamado el futuro en el Libro Dos; y hablaremos de la vida extraterrestre y de la(s) naturaleza(s) de Dios en el Libro Tres.

¡Ah!, pero ¿va a haber también un Libro Tres?

Permíteme que esboce el plan.

El Libro Uno tiene que contener verdades básicas, conocimientos primarios, y tratar de cuestiones personales esenciales.

El Libro Dos debe contener verdades de mucho mayor alcance, conocimientos más importantes, y tratar de asuntos mundiales.

El Libro Tres tiene que contener las mayores verdades que seáis capaces de entender, y tratar de cuestiones universales, cuestiones relacionadas con todos los seres del universo.

Ya veo. ¿Es una orden?

No. Si preguntas eso es que no has entendido nada de lo que hay en este libro.

Tú has <u>elegido</u> realizar esta obra; y <u>has sido</u> elegido. El círculo está completo. ¿Lo entiendes?

Sí.

13. ¿Se realizará alguna vez la utopía en el planeta Tierra? ¿Se mostrará alguna vez Dios a las gentes de la Tierra, como prometió? ¿Habrá algo parecido a la Segunda Venida? ¿Habrá alguna vez un Fin del Mundo, o un apocalipsis, tal como lo profetiza la Biblia? ¿Hay una religión que sea la verdadera? Y si es así, ¿cuál de ellas?

Todo eso por sí solo constituye un libro, y la mayor parte será tratado en el Volumen Tres. He preferido que este volumen inicial se limitara a asuntos más personales, a cuestiones más prácticas. En posteriores entregas pasaré a ocuparme de otras cuestiones con implicaciones a escala mundial y universal.

¿Ya está? ¿Es todo de momento? ¿Ya no vamos a hablar más aquí?

¿Ya me echas de menos?

¡Pues sí, porque lo hemos pasado bien! ¿Lo dejamos aquí?

Necesitas un pequeño descanso. Y tus lectores también. Aquí hay mucho que asimilar; mucho contra lo que luchar; mucho sobre lo que meditar. Tómate tu tiempo. Reflexiona; medita sobre ello.

No te sientas abandonado. Yo siempre estoy contigo. Si tienes preguntas que hacerme, preguntas cotidianas —como sé que tienes ahora mismo—, y quieres continuar, ten en cuenta que puedes acudir a Mí para que te conteste. No es necesario que sea en forma de libro.

No es este el único modo en que Yo te hablo. Escúchame en la verdad de tu alma. Escúchame en los sentimientos de tu corazón. Escúchame en el silencio de tu mente.

Óyeme en todas partes. Cada vez que tengas una pregunta, simplemente debes saber *que* ya la *he contestado. Luego abre los ojos a tu mundo. Mi respuesta puede hallarse en un artículo ya publicado; en el sermón ya escrito y a punto de ser pronunciado; en la película que se está rodando; en la canción que ayer se acabó de componer; en las palabras que está a punto de decir un ser querido; en el corazón de un nuevo amigo que estamos a punto de hacer.*

Mi Verdad está en el susurro del viento, en el murmullo del arroyo, en el estampido del trueno, en el tamborileo de la lluvia.

Es el tacto de la tierra, la fragancia del lirio, el calor del sol, la atracción de la luna.

Mi Verdad —y tu más segura ayuda en los momentos de necesidad— es tan sobrecogedora como el cielo nocturno, y tan simple e incontrovertiblemente confiada como el balbuceo de un niño.

Es tan potente como el latido del corazón, y tan silenciosa como el aliento contenido en unión conmigo.

No te dejaré, no puedo *dejarte*, puesto que eres Mi creación y Mi producto, Mi hija y Mi hijo, Mi propósito y...

Yo mismo.

Acude a mí, pues, cada vez y en cualquier circunstancia en que te alejes de la paz que Yo soy.

Yo estaré ahí.

Con la Verdad.

Y la Luz.

Y el Amor.

EL MONJE QUE VENDIÓ SU FERRARI
Una fábula espiritual
de Robin S. Sharma

El monje que vendió su Ferrari es la sugerente y emotiva historia de Julián Mantle, un súper abogado cuya vida estresante, desequilibrada y materialista acaba provocándole un infarto. Ese desastre provoca en Julián una crisis espiritual que le lleva a enfrentarse a las grandes cuestiones de la vida. Con la esperanza de descubrir los secretos de la felicidad y la iluminación, emprende un extraordinario viaje por el Himalaya para conocer una antiquísima cultura de hombres sabios. Allí descubrirá un modo de vida más gozoso, así como un método que le permite liberar todo su potencial y vivir con pasión, determinación y paz. Práctica fusión de la sabiduría espiritual de Oriente con los principios de éxito occidentales, *El monje que vendió su Ferrari* te enseñará cómo vivir con más coraje, alegría y satisfacción.

Inspiración/978-0-307-47539-8

UNA VIDA CON SIGNIFICADO
Realice su potencial eterno cada día
de Jim Graff

Muchas personas luchan por encontrar un sentido a su vida. Si usted es uno de ellos, Jim Graff lo entiende. En *Una vida con significado*, Graff da a conocer cinco claves que le darán los recursos y la motivación para desarrollar su potencial como persona. Usted puede apoderarse de una vida con significado y vivirla en toda su plenitud a través del desarrollo de la confianza, el fortalecimiento del carácter, la concentración en la voluntad de Dios, la cooperación con Dios (y con otros) en la realización de los designios de Dios y la participación en la comunidad. Descubra la importancia y el impacto de estos cinco principios en su vida aprendiendo a vivir en sintonía con el singular propósito que Dios le ha legado. Aprenda a vivir según los anhelos de su corazón. *Una vida con significado* le ayudará a convertirse en dueño de su propio valor.

Inspiración/Autoayuda/978-0-307-38597-0

UN MES PARA VIVIR
Treinta días para lograr una vida sin arrepentimientos
de Kerry y Chris Shook

¿Cómo conseguirías que cada día importara de verdad? ¿Qué empezarías o dejarías de hacer? ¿Cómo te relacionarías con los demás? *Un mes para vivir* te da los instrumentos para concentrarte y ser tal como Dios te creó: apasionado, plenamente vivo y sin remordimientos. *Un mes para vivir* explora los principios universales y plantea preguntas para que reflexiones y para ayudarte a analizar los aspectos fundamentales de tu vida. Cada uno de los treinta capítulos —uno por cada día de un mes que te cambiará la vida— te ofrece estrategias y herramientas novedosas para ayudarte a vivir la vida para la que fuiste creado.

Espiritualidad/Autoayuda/978-0-307-45553-6

CUANDO A LA GENTE BUENA LE PASAN COSAS MALAS
de Harold S. Kushner

Cuando su hijo fue diagnosticado a los tres años de edad con una enfermedad degenerativa que cortaría su vida en la adolescencia, Harold Kushner se enfrentó a una de las preguntas más angustiantes en la vida: ¿Por qué, Dios? Años más tarde, el rabino Kushner escribió esta contemplación sencilla y elegante de las dudas y temores que surgen cuando una tragedia nos golpea la puerta. Kushner comparte su sabiduría como rabino, como padre, como lector y como ser humano. Con múltiples imitaciones que no han logrado superar este original, *Cuando a la gente buena le pasan cosas malas* es un clásico que nos ofrece pensamientos claros y consuelo en períodos de dolor y tristeza.

Inspiración/978-0-307-27529-5

VINTAGE ESPAÑOL
Disponible en tu librería favorita, o visite
www.grupodelectura.com